Beten mit Paulus und Calvin
von
Rudolf Bohren

祈る
パウロとカルヴァンとともに

R. ボーレン［著］
川中子義勝［訳］

教文館

Beten mit Paulus und Calvin
von
Rudolf Bohren

Copyright © Vandenhoeck & Ruprecht, Göttingen 2008
Japanese Copyright © KYO BUN KWAN, Inc., Tokyo 2017

もくじ

第1部
修練の前に　　　　　　　　　　　　　　9

　祈ることを習う　12
　私がこの修練の書を著すに至った経過　16

第2部
調律　　　　　　　　　　　　　　　　19

　まず第一に　20
　霊的な体操　22
　忘れぬように　23
　正しい場処(ばしょ)を求めなさい　24
　展望　26

第3部
願うこと――執り成すこと　　　　　　27

　模範　28
　時　30
　問いかける　31
　使徒の賜物　33
　見まもる者たち　35
　いまだ習わぬこと　37

世代を越える祈り　39

特別な課題　40

再び見える　41

母たちのための祈り　42

吹き起こす　44

試み　46

間違った恥に抗して　47

受苦を習いなさい！　49

福音の為しうること　50

鏡に映すごとく　52

復活　53

復活Ⅱ　54

嘆き　57

私に連なる人々のために，また新しい日のために　58

未決の戦い　59

訓練　61

主要なこと　62

同情ではなく——苦しみを同じくすること　63

軍役　64

執り成し　65

忘れないように　66

メシア的に　68

自由な言葉　70

必要な言葉と無用な言葉　71

義しく分かつ者の振る舞い　72

命取りなことに抗して　74

必要な避難　75

一緒に言い争うこと　77

神学者たち　　79
　　怒りは在る　　80
　　悪について　　82
　　我らの備える将来　　84
　　外見ではなく存在　　86
　　永遠の学生　　87
　　復活祭　　89
　　聖書　　91
　　説教すること　　92
　　まさにその時です　　94
　　時が良くとも悪くとも　　96
　　一家言ある人々に対して　　98
　　悪しき時　　100
　　正当な疑い　　102
　　人生の意味　　103
　　目標への途上で　　104
　　ことの核心　　105
　　生きた信仰　　106
　　朝に　　107
　　夕に　　109
　　昼に　　110
　　時への祈り　　111

第4部
祈り——感謝すること　　113

　　まず第一に　　114
　　時　　116

命　　118

勝利への途上　　120

再生　　121

地上の俗事を離れたこと三つ　　123

我らの特権　　124

認識の途　　125

諸世代の間をつなぐ感謝　　126

良心　　127

新しいものへの途上で　　128

特別な課題　　129

止まぬ感謝　　130

絶えず　　131

母親たちのための感謝——ますます母親たちのために　　132

新しいもののための炎　　134

ダイナミズム　　135

受苦を越えて　　136

復活　　137

現前する助け　　138

背信に抗して望む　　139

上からの力　　141

ある病人の祈り　　143

復活祭　　145

異なる別の命　　146

上に向かって　　147

受難金曜日　　149

四つのこと　　150

幸いなる不穏　　152

弟子に留まり続ける　　153

けれども耐え抜きなさい！　154
　　幸福　155
　　聖書の春　157
　　聖書の真理　158
　　葡萄山を通る歩み　160
　　誘惑者としての友人たち　162
　　殉教者　163
　　回顧　164
　　ゴールで　165
　　ことの核心　166
　　あなたに向かって　167
　　過分の報酬　169
　　夜の祈り　170
　　夜は永遠には続かない　171
　　すでに夜は白み始めている！　173
　　全権委任　174
　　アーメン　175
　　祝福　176

第5部
魂への配慮者としてのカルヴァン　179

　　いかにして魂への配慮者となるか　190
　　例として——ヌシャテルの牧師宛の手紙　195

訳者あとがき　209

装丁　桂川　潤
装画　小菅昌子

第1部
修練の前に

これらの祈りを繰り返さねばなりません，
自分の言葉でさらに祈れるようになるまでは。

祈ることを習う

　それは，どんな子どもでもできる。しかし，キリスト教界を背負って立つほど祈りに秀でた，かの人は，こう警告している。「我々はその相応しい仕方を知らない」のだと。祈ることは，子どもにもできる簡単なこと。しかし，祈りをもって世界を変革したその人は，「何を祈ったらよいのか」知らないと言う（ローマ 8:26）。

　それゆえに，祈ることは，何としても習わねばならないし，訓練して習熟し，身についたものとされねばならない──また，血管を流れる血のように，密かに隠されたものでなければならない。「山上の説教」によれば，それは「義の修練」（マタイ 6:1-18）のうちに含まれるものであり，見せ物としてはならない。この修練は観客の面前ではなく，神の聖なる御顔の前で為されるべきものである。まさにここで我々は，命を与えもすれば，〔逆に〕失うと脅かしもするある領域に踏み込む。そこに住まうのは，ただ喜びだけではない。「山上の説教」を語る方が，祈るだけでは充分ではないとするとき，すでにそこで驚き恐れねばならぬことが始まっている。彼は〔そこで〕，祈りの修練を，貧しい者を顧みることと自分の糧を断念することとの間に置いている。祈りとはすなわち，社会的な振る舞いと禁欲との間に位置する修練の一つであり，生に関わる他の総ての営みから孤立したものではない。神が信仰のうちに備えたもう義の修練とは，もっぱらそのようなものである。

　その修練は分かちがたいひとまとまりのものであり，──我々が生きている限り，まだまだ不充分〔で足らない〕という思いを残さずにはおかない。それゆえ，修練はもうこれで終わり，という境地

に我々が至り着くことはないであろう。そこでは誰も,達人の域に達することがないのである。なるほど,何らかの機会に祈ってほしいと特別に呼び出されることはあるかもしれないが,専門職とか名人技は存在し得ないのである。それにまつわる言葉遣いからしてこれを肯(うけが)っている。「祈りの人(Betschwester)」とは,その祈りによって天の国〔の門〕を開く人間として,字義的には,キリスト教界における栄誉ある称号には違いない。しかし,この栄誉の称号は,「山上の説教」の真理を,それに相応しい仕方で裏打ちする叱責の言葉となった〔マタイ6:5〕。祈りが見せ物となるとき,ついにそれは化粧となり果てる。〔そう言うと〕観衆受けする仕方でカメラの回る前に立つことに慣れた者は,目を丸くするであろう。だが,教会に集う人々は観客ではないのだ。

　施しを与えることや断食とは違って,祈りは時間によって限定されることがない。「絶えず祈れ」(Ⅰテサロニケ5:17)とあるように,祈りは我々の生存の多彩なあり方を下塗りするものであり,そのような下支えとして生活を実り多いものと為す。我々がここに示すような予め綴られた祈りは,祈る者がその言葉を越えて先へ進むことの助けとなろう。「この祈りは,それが自分の言葉となってさらに祈ることができるようになるまで,繰り返されねばならない」。身だしなみを整え,食事をし,仕事に勤しみ,眠りにつくという日常の営みと平行して,人々が祈りつつあるいは祈らずに繰り返していることが,その人々の道を定め,その目標を決定することになるのである。

　全人類は,その至り着く先によって,頌め讃えへの途上にあるか,あるいは「嘆き,歯ぎしり」への途上にあるか,そのいずれかである(R. ボーレン『祈り』[R. Bohren, Das Gebet] 2005年,318頁)。それゆえに,「信仰に立つ生き方を学ばねばならない」(Ⅰテモテ4:7)のである。「信仰に立つ生き方」と訳した言葉〔「敬虔」〕

は,「神を恐れること」「神の幸いを受けること」と置き換えることもできる。——それは,作曲家が楽譜に書き留めた作品の〔演奏のために練習を要する〕ように,修練の対象となるものであろうか。返答は,然りである。我々は,聖書のうちに,至高者へと至るための楽譜,すなわち,信仰に生き,神を恐れ,神に幸いとされる身に至るための楽譜を持っているのだから。我々はそこで学ぶことができるのだ。

楽譜を読んで楽器を演奏しようとする者には,すでに音楽の精神の一端に触れていることが,また音楽性に関する何らかの基準を有していることが必要である。信仰に立つ生き方を学んで,神を恐れること,また神の幸いを受けることを学ぼうとする者にも,まず至高者ご自身が予め先立ってその志向に与っていてくださることが,何はともあれ必要である。聖書はこれを聖霊の働きと呼ぶ。「信仰に立つ生き方を学びなさい」という使徒の命令は,我々が必要としているその聖霊の関与をまずは端緒の形で与えてくれる。この学びが始まるのは,その修練のありようや,それに伴いうる困難を祈りをもって見て取ることによってではなく,この命令に素直に向き合うことにおいてである。字義通りには「信仰に立つ生き方へ向かっ・て・学・び・なさい」と言われている。学ばねばならぬ者は,また目標に至り着いてはいない。至り着くべき神の幸いにまだ達してはいないが,すでに途上にある。この命令を心に刻みつける者は,すでにその学びの道に歩み入っている。学びは中断されてはならず,継続されねばならない。途上にある者はすでに,〔音楽のように祈りを〕奏する者とされている。

どのような学びにも,勤勉,持続,反復が必要である。だが,その営みは,なんとしても人の目に隠された形で為されねばならず,その形においてのみ偽りのないものとなる。そこでは,怠惰という罪が憚ることなく手を伸ばしてくることもありえよう。私の本は,

祈りを怠らぬために記すものだが、〔そこには〕私自身もまた怠らぬようにという気持ちを込めている。その構成は、三つの要素からなり、これはまた、祈りを学ぶための原則としても基本を為すものである。

　　私は聖書から祈り、
　　一人の教師の視野から事柄を言い表し、
　　一人〔の祈り手〕として〔私も〕自ら他の人々のために言葉をまとめる

　これが祈りの道である。——テモテへの第二の手紙とカルヴァンという、二つのテクストを取り上げる。神学的・学問的な背景と宗教的な背景を交錯させるこれらのテクストは今日では、相応しい顧みを受けなくなっているが、——甘やかされたこの時代の人にとっては苦い薬となろう。

　中途で自ら祈りの言葉を発する前に、まずはこの小本を終わりまで通して読むことを勧める。全体の俯瞰を得た上で、思考を促す一つの祈りを見いだしたら、そこに碇を下ろすがよい。その響きが繰り返されるうちに、しだいにそれは自分の祈りとなっていくだろう。こうして事が変わる。最初は、言葉通り厳密に繰り返すことが大切である。繰り返すうちに次第にテクストを長くしたり短くしたりするように——時と事情に応じて。そのようになっていくだろう。

私がこの修練の書を著すに至った経過

「私はつねづね私の教会の長老たちの祈りが拙いと言って叱ってきました。それで私たちはカルヴァンから祈ることを習いました」。私の2度目の鎌倉滞在時に、加藤常昭氏は私にこう語った。3度目の滞在のとき、ある長老の女性が長い執り成しの祈りをした。もちろん私はその言葉を理解できなかったが、会衆の注意が一点に集中しているその様子は記憶に留まった――強い印象が残っている。

聖書の中でカルヴァンが最も好んだ書がテモテへの第二の手紙であったということは、学者たちにはおそらく思いもよらぬことであろう。こう述べたハイコ・A・オーバーマン氏の覚書が私を熱くした。どうしてカルヴァンには、この手紙が「聖書のうちで他のどの書よりも有益」と思われたのか、と彼は訊ねている(『二つの宗教改革者 ルターとカルヴァン――旧世界と新世界』[Zwei Reformationen, Luther und Calvin – alte und neue Welt] 2000年、300頁、注15。195, 181, 213頁以下参照〔邦訳『二つの宗教改革――ルターとカルヴァン』日本ルター学会／日本カルヴァン研究会訳、教文館、2017年〕)。

カルヴァンは聖書に「幸いなる善き生き方の全き基準」を見いだす。彼はまた、自身が認識した尺度に従って聖書を生きることにより、自らを祈りの教師として打ち出している。18世紀のあるドイツ語文献は、この宗教改革者を「そのほとんど総てが聖書の言葉から成る存在として」その肖像を描き出す(ジャン・キャディエール『カルヴァン』[Jean Cadier, Calvin]、マティアス・トゥルンアイゼンのドイツ語訳、1959年、161頁)。こうして、この人〔カルヴァン〕は、信仰に生きる修練が何のためのものかを巧みに明らかにしたと

第1部　修練の前に

されるが、その姿はいま一人、〔本書に引く〕別の人〔すなわちパウロ〕によれば、また新たな肖像として示される。「なぜなら、聖書はすべて神に霊を吹き込まれており、教え、罪を明らかにし、矯正と、義における教化のために役に立ち、こうして、神のものなる一人の人を全き者とし、あらゆる良きわざに相応しい者とする」（Ⅱテモテ 3:16–17）。

カルヴァンとともに祈りを学ぶことは、歴史家の問いをも、ともに担うことを意味する。その途上では、学問的な問いもまた生じよう。アルフォンス・ヴァイザーがその註解（『プロテスタント・カトリック合同註解』〔EKK〕第 16 巻 1、2003 年）で、パウロがこの手紙の著者ではあり得ないと精力を傾けて立証し、「パウロ以降の原始キリスト教の証言とするとき、本文はずっと良く理解されうる」と主張していることは（53 頁）印象深い。しかし、その観点の持つ問題の指摘を学問的に繰り広げるならば、それは、私の小著の意図と折り合わぬことになる。ただ脚注程度のものであれば、私に許されよう。

カルヴァンはこの手紙を、彼の故郷の殉教者教会の会衆に向かい、彼自身が殉教に直面して生きる者として講じた。これについて彼〔自身〕の書簡は多くを証言しているが、私はこのことに是非触れておきたい。それらの書簡が、彼自身の義の修練を〔上述の〕三重の仕方で説明する証言となるからである（ルドルフ・シュヴァルツ『ジャン・カルヴァンの書簡における業績』〔Rudolf Schwarz, Johannes Calvins Lebenswerk in seinen Briefen〕全 2 巻、1909 年）を参照のこと。また『ジャン・カルヴァンのパウロ小書簡解釈』〔Johannes Calvins Auslegung der kleinen Paulinischen Briefe〕1963 年、527 頁以下〔テモテへの第二の手紙が扱われている〕を参照。――〔本書で〕私は、この〔テモテへの第二の〕手紙の本文を〔この『ジャン・カルヴァンのパウ

ロ小書簡解釈』の〕オットー・ヴェーバーによるドイツ語訳から採った。〔本書でただ〕「カルヴァン」とある場合——他の記載がなければ——カルヴァンのその箇所に対する註解の記述を示唆している)。

　カルヴァンは〔テモテへの〕その手紙を，今日の学者がもはや示すことのないほどの，実存論的な関心をもって講じている。学者の立つ地平は，殉教というよりむしろ安全な静謐状態である。地平とともに歴史的判断も変わる。カルヴァンは事態に突き動かされる者として講じている。素朴な仕方で，と言ってもよいであろう。〔これに対して〕ヴァイザーは，架空の著作家を捏ち上げるのである。

　宗教改革者〔としてカルヴァン〕は，その緒論で正しい読解の仕方を提示している。「パウロは死を眼の前にしていた。……我々がここで，告白の信憑性また告白の確実さについて読むことを，我々は，パウロがインクではなく，彼の血で書いたものであるかのように読まねばならない」。

　〔一方〕ヴァイザーは，今日の解釈者の心的状態について告げている。「公同書簡，とりわけテモテへの第二の手紙と関わるとき，私は昔も今もある種の二律背反を覚える。一つには，著者が教会生活の諸問題をいかに気楽に扱っているかに接して，時々，残念で失望した気持ちを抱く。——いま一つ，時に私は，著者が，神学的な仕方で姿をさまざまに変容させ，いかにパウロ像を作り上げたか，その仕方に昂奮を覚える……，このパウロ像の訴えかける諸特徴こそが，この異邦人の使徒が歴史上残した影響の総てに著しく寄与することとなったのである」(序文7頁)。考察は最後に，レンブラントのパウロ像について述べる (343-347頁)。殉教の地平が消え失せると，〔新しい何か別の〕パウロ像が重要になり，美術史〔まで〕が加わって本文を興味深いものとなさねばならないのである。

第2部

調律

まず第一に

> ですから,まず第一に私は勧めます。あらゆることに先立ってまず,総ての人のために願い,祈り,執り成し,感謝しなさい。
>
> テモテへの第一の手紙2章1節

主よ,
私の愚かな祈りを赦してください。
愚かでした,私の祈りは,
いつも自分のことばかり——
あなたの祈りから遠くはなれて。

　ちがう祈り方を教えてください。
　かの使徒と改革者は
　祈ることで彼らの世界を変えた。
　彼らのように祈ることを教えてください。

「祈り」はあらゆる種類の神への懇願を含んでいる。これに対して,「願うこと」は神に対して何か特別なことを得ようと求めるもの。パウロは,祈りをさらに「執り成し」と呼び習わすが,これは,我々が互いに,一人が他の一人のために唱えるものである。
　最後の表現,「感謝」は,そのままで明らかである。我々が神に不信の人々の救いを委ねねばならないように,彼らの喜ばしく幸いな成功に対しても神に感謝せねばならない。良き者にも悪しき者にも陽を昇らせて(マタイ5:45),日ごとに示される神の素晴らしき恵みは,我々が讃

えるに相応しいが，それゆえに，我々の愛もまた値しない者たちを抱くものとならねばならない。

カルヴァン

霊的な体操

あなた自身を敬虔へと修練しなさい。
テモテへの第一の手紙4章7節／J.ロロフ訳

是非とも私は敬虔でありたい。
しかし，私がこの自分に
また他の人にも認めるその敬虔を，
私は好まない。

聖なる神よ，私は理由を知らねばならない，
あなたがなおのこと彼らを好まぬその理由を。

祈るときには
我らを生温く怠惰に留めることなく
我らがいまだ至らぬものに成らしめてください。

修練しなさいとパウロが言うとき，彼は，まさにその営みが熱意と努力を要することを示している。神を怖れることなくして，他のどんなことに対する熱意もすべて無駄である。神を怖れるとは，この脈絡では，良心に責められることなく，霊において神を真に讃えることの謂である。

カルヴァン

忘れぬように

　　　　　……私の別れの時……。
　　　　　　　　　　テモテへの第二の手紙4章6節

永遠なる神よ,
我らがこの書を開くとき
我らが死なねばならぬことを，思わせてください,
我らが高ぶってはならぬことを。

恵みを受ける際に
我らを心低くしてください。

とりわけ説き明かし，説教する人たちのために
我らは祈る,
彼らがあなたの言葉を失うことのないようにと。

総ての人間の記憶から私が消し去られてもかまわない，私の働きの実が無に帰さないのならば。私はこれまで教会のために，心から真の熱意をもって働いてきたし，この生の目的から，どんな忘恩も悪意も瞬時たりとて逸れさせることはない。ただ，私には，敬虔な人々の愛と教えにおける互いの一致が，この上ない慰めです。我々は日ごとに死の剣に晒されているので，私はあなたに我々の町と教会のために執り成すことを勧めます……。
　　　　　　　　　ダーフィット・ヴェーター牧師へのカルヴァンの書簡
　　　　　　　　　1560年5月27日付

正しい場処(ばしょ)を求めなさい

いまやあなたたちはキリストとともに甦ったのだから,高みのものを,神の右の座に坐してキリストのいますかの処を求めなさい。

コロサイ人への手紙 3 章 1 節

父と
御子と
聖霊の名において
その手紙はその最後の読み手に向けられている,
この私にも向けられている。

あなたの霊とともにあなたは私の内にいて
私の内に祈る,
あなたが来たのは,
失われた者たちが
失われ続けることがないように。
祈りの内にあなたは私を見いだす,
私があなたを見いだすように。

祈ること——何という幸い,
至福(さいわい)なる「私」の死——
「我ら」というキリストの体の内に
王のように甦ること。

第2部　調律

よく考えてみなさい，それこそがキリストを真にして聖なる仕方で思いえがくことと。我々は直ちに天に引き上げられ，そこで彼を崇め，我々が感ずる心の総てをもって彼のもとに留まることになる。
　　　　　　　　　コロサイ人への手紙3章1節へのカルヴァンの言葉

展望

　　　　アーメン〔真実に〕。
　　　　　　　　　　　　テモテへの第二の手紙 4 章 18 節

あなたが
総ての内の総てとなるとき，
石はどれも充たされる
　　あなたの光で
またどの木の樹液も
　　あなたの命で充たされる。

そのとき私も
感謝で充たされる。

「さようなら，優れた良き兄弟よ，神がもし望まれて，君が私より長く生きるなら，君は我々の親しい友情を覚えて生きてくれ。それは，教会にとって有益であったように，天における我々にも実をもたらしてくれるだろう」と，カルヴァンは 1564 年 5 月 2 日，ファレルに書き送った。5 月 27 日の夜 8 時，カルヴァンは亡くなった。

第3部
願うこと──執り成すこと

模範

    パウロ,キリスト・イエスの使徒……。
         テモテへの第二の手紙1章1節

  あなた
みたび聖なる方よ

  いかに
私はあなたに語ったらよいか,
あなたが　かの使徒とともに
私をも
使徒の務めへ選ばれたのでなかったら
そのときは?

  世界の
なかで,祈ることだけが
なおも助けとなる処(ところ)で,
この最後の可能性を
私が思わぬことがないように。

  どうか
私を使徒に倣う者とし
彼の在り方の素晴らしさを味わわせてください。

あなたに仕える男女のために私は願う。

彼らがあなたの力を味わわぬまま，
　むなしき言葉を語ることがないようにと。

聖書は，御言葉に仕える者たちが人間を再生へともたらし，心を神の方へ向け直させ，もろもろの罪を赦すと教える。……神が我々を教会の職務を通して再び生まれさせるからではなくて，ほかに，いったいどうして教会が，信ずる総ての者の母と呼ばれるであろうか。
　　　　〔ヨハン・ハインリヒ・〕ブリンガーへのカルヴァンの書簡
　　　　　　　　　　　　　　　　　　　　　　1547 年 2 月 25 日付

時

　　　　……キリスト・イエスにある命の約束に従って。
　　　　　　　　　　　　　テモテへの第二の手紙1章1節

総ての時に先立ち，永遠なる方，あなたは命を約束された。
それは時の真中，あなたの御子の姿で世に来られた。
あなたの使徒やあなたが我々に遣わした総ての者たちがそれを
　続けた。

赦してください，我らが命を我ら自身の内に探すのを，
我らの内には死が住まうのに。
我らをして命をもたらす者たちに聴くようにしてください。

主よ，時です，我らが死から命へ向き変わるように。
主よ，時です，あなたの命を継ぐ者を送ってくださるように。
主よ，時です。
向き変わるように助けてください。

真の宗教と敬虔への努力は，我々が天の命を見つめる時に目覚める。
　　　　　　　テトスへの手紙1章2節へのカルヴァンの言葉

問いかける

　　　　わが愛する息子テモテに……。
　　　　　　　　　　　テモテへの第二の手紙1章2節

社会はどうなるのか，
子どもたちが
世に来るのを拒んでいるこの社会は。

父よ，彼らを赦してください，
彼らは知らない，
彼らのしていることを，
彼らは，乳飲み子たちに注がれる
あなたの力を横取りし
「わが息子よ」「わが娘よ」と言う
幸いを妨げている。

　　地はどうなるのか，
　　地には再び新しく生まれる者たちがいなくなり
　　地上にあなたへの讃えの声は途絶えている。

　　地はどうなるのか，
　　そこで「わが愛する息子よ」は
　　他所の国の言葉となっている。

神の栄誉が葬られ，あるいはそれについて黙されているとき，それは，

自然の秩序が逆しまとなり，総てのものが混乱する事態を指しています。それは，陽の光が消えんとするかのごとく。否，それ以上です……。
詩篇第148篇についての説教
E. ミュールハウプト編集の説教集『カルヴァンの説教壇上の詩篇』
（E. Mülhaupt, Der Psalter auf der Kanzel Calvins）1959 年，112 頁

使徒の賜物

父なる神と我らの主キリスト・イエスの恵みと憐れみと平和を！
テモテへの第二の手紙1章2節

いまだ恵み，憐れみ，平和は
この地に属するものとはなっていない。

これら地を超えたものを我らの内に親しく住まわせ
のびのびと広がらせてください。

我らに託してください，
あなたのくださるものを。

カルヴァンは〔ピエール・〕ヴィレ宛に，彼の敵たちが会衆の暴動を画策したというある疑いについて述べている。役場の前で彼は「明らかな反乱」に出くわす。——私はすぐに駆けつけた。ひどい眺めだった。私は最も人が集まっているところへ突進した。総ての者たちは石のように硬まっていたが，彼らはみな私に向かって駆けつけ，私が傷つかぬように，私をあちこち連れて行った。私は神に誓い，また人に誓った。彼らの姉妹たちの間に立つため，まさにそのために急いできたのだと。私は叫んだ，流血の事態が免れないのなら，まず私から始めよと。すると彼らの熱狂はすぐにかなりの程度抑えられた，しかも荒くれた者たちさえも，素直な者たちはなおさらだった……皆の考えでは，私が間に入ったことが恐ろしい大惨事から守ったのだった。私の同僚たちは，その間に多くの人々の間に散らばっていた。私はなんとか皆を秩序だって座らせ

ることができた。一見で察したところ，事態は，いまや私が長く厳しい語りかけをすることを求めていた。彼らは皆，ほとんど僅かの人々を除いて，素晴らしく心を動かされていたという。しかし，その人々も善良な人々に劣らず，私のしたことを誉めた……。

1547 年 12 月 17 日

第3部　願うこと——執り成すこと

見まもる者たち

　　　　私は神に感謝する……。
　　　　　　　　　テモテへの第二の手紙1章3節

死者たちには何も感謝することがない，
死んだ魂は感謝することができない。
あなたが私を死より起こしてください，
あなたが私に為されたこと，今なお為されることを，見せてください。

あなたの御業をひたすら見まもる者としてのみ
あなたは私を恩知らずの淵から引き上げ，
私を死から目覚めさせる。

私はこの教会のために願う
我らを互いに分かつ壁を崩れさせ，
兄弟姉妹のうちにあなたの命を知ることを教えてください。
冷淡な者たちや怠惰な者たちが目覚め
死んだ魂が起こされ——讃えるに至る姿を，私にも見せてください。

ものを見ない者たちを見る者とし，
我らに見ることを感謝させてください。

我々が「感謝を述べる」とき（Ⅰテモテ2:1，〔20頁の〕続き），我々は，

彼の我々への顧みに対して，恩を負う者として頌えつつ讃美し，我々が得た総ての良いものに対して，彼が気前よく与えてくれたことを感謝するのである。
　　　　　　　　　　　カルヴァン『キリスト教綱要』第 3 篇 20 章 28 節

第3部　願うこと——執り成すこと

いまだ習わぬこと

　　　　私は神に感謝する，私の仕える神に……。
　　　　　　　　　　　テモテへの第二の手紙1章3節

我らの在り方また持ちものは，
あなたから，
我らの造り主にして救い主なるあなたからのもの。
あなたに我らはこうして在ることを感謝する。

しかし我らはそれを忘れ，
あなたから来たものを心から逐いやって
あなたに感謝しなかった。

こうして我らはあなたに忘恩を返し，
我らの空(から)の心と
我らの悪事を返す。

私に感謝することを教えてください，
私が
目で見るものに，
耳で聞くものに，
口で味わうものに，
鼻で嗅ぐものに，
肌で感じるものに感謝することを。

見えぬものに感謝することを，私に教えてください，
　すでに見えるものの内に経験している見えぬものに。

神は我々にその無数の恵みのわざによって，喜び感謝する新たな根拠を
繰り返し示してくださる。
　　　　　　　　　　　エペソ人への手紙 5 章 20 節へのカルヴァンの言葉

世代を越える祈り

　　　　……私の父祖たちの時より私の仕える神に……。
　　　　　　　　　　　　　　テモテへの第二の手紙1章3節

　あなたは我らにあなたの命を贈ってくださる,
　我ら子どもたちが
　両親の祝福となり,
　両親が子どもたちの祝福となることにおいても。
　あなたの命は世代を越えて続く。

　ああ,主よ,ご覧ください,
　なんと私は祝福が下手なことか。
　教えてください,あなたを祝福することを,
　そうすれば,私はまた
　両親や子どもたちを祝福することをも学ぶ[1]。

神は我々に手を差し伸べ,我々が残念に思うものごとを,世界から取り除いてくださる。
　　　　　　　　　　　ピレモンへの手紙15節へのカルヴァンの言葉

---

1) 人間は神を祝福する。残念ながら,聖書の翻訳者たちは「祝福」という語を「讃える」ないし「誉める」と訳した。そのために,何を我々が「彼に」伝えるかが,失われた(マグダレーネ・L. フレットレー『祝福の神学』[Magdalene L. Frettlöh, Theologie des Segens] 1999年,384頁以下参照)。

特別な課題

> 昼も夜も絶えず私の祈りのうちにあなたを想うたびに
> ……。
>
> テモテへの第二の手紙1章3節

聖なる神よ，あなたの霊の働くところ
心と口は祈る。
私の心と口をも目覚めさせ，動かしてください。

私に贈ってください，一人の人のために祈る恵みを，
使徒がテモテのために，彼が働く器となるようにと，
祈るように，我らをあなたの国のために整えてください。
その人を私の心に据えてください。

あなた，愛にいます方よ
あなたの愛のうちに，私がその人を想うようにしてください。
愛は，冷ややかで粗略な扱いをせず，粘り強く
永遠から永遠へと愛する。

パウロが，昼や夜の特定な時間に祈ることを習慣としていたという考えは，確かに無意味ではない。だが私はそれを単純にこう説明したい。彼にとって，いかなる瞬間も全く祈りなしであったことはないと。

カルヴァン

再び見える

あなたの涙を想うたびに,あなたに見えて,喜びに充たされたいと願うのです。
テモテへの第二の手紙1章4節

主よ,私にあなたの霊をください,
来るものを待つ喜びを目覚めさせ,
限りの有るものを限りなきものへ,
欠けのあるものを全きものへ,
過ぎ去るものを永遠へと高める霊を。

主よ,私にあなたの霊をください。
霊をあなたに仕える総ての男女に与えてください,
あなたの教会があなたの喜びの
住まいとなるように。

カルヴァンからダーフィット・ヴェーターへの返書。(ヴェーターはカルヴァンに,彼を個人的に知らずとも,自らの「愛を証言します」と書き送っていた。)「……もし我々が地上で互いに見知る機会をもはや持てぬとしても,その時には天において我々の友情を楽しみましょう。それはまことに,世情に通じた人間たちの間で結ばれるような,空しく過ぎ去る体のものではなく,天において同じ嗣業を継ぐ望みとその聖なる職分をともにすることが,私たちを結びつけるのですから」。

1560年5月27日

母たちのための祈り

　私はあなたの内なる純粋な信仰を想い起こします。それはまずあなたの祖母ロイスの内に，またあなたの母エウニケの内に宿ったのですが，あなたの内にも宿っていると私は確信しています。
テモテへの第二の手紙1章5節

母たちに信仰を贈ってください，
ロイスとエウニケの内にすでに宿っていたその信仰を。

彼女たちを守ってください，
自分自身を，おのが子どもたちの受難者とせぬように。
彼女たちを守ってください，
生い育つ者たちが自己自身を奴隷とせぬように。

母たちに信仰を贈ってください，
それが子どもたちの内にさらに育ち，
より良い時のために
彼らを強く自由にするように。
そして彼女たちが年老いて弱くなったときには，
彼らが，その母のためにも時を見いだすように。

　自由は計りがたく価値ある富であり，我々は最後の息を引き取るまでそれを求めて闘わねばならない。
ガラテヤ人への手紙5章1節へのカルヴァンの言葉

第3部 願うこと——執り成すこと

神の子どもたちと世の人間たちとのあいだの決定的な違いとは,前者が幸いな末期の時への希望を持って神の言葉に依り頼み,不安に怯えて間違った策略に逃れ場を求めたりしないことである。

W. コルフハウス『J. カルヴァンの言葉によるキリスト者の生』
(W. Kolfhaus, Vom christlichen Leben nach J. Calvin) 1949 年,459 頁

吹き起こす

> それゆえ私があなたに想い出させるのは，私が手を掲げてあなたの内に備えた神の賜物（カリスマ）をあなたが呼び覚ます（吹き起こす）ことです。
> テモテへの第二の手紙1章6節

父よ──火の中からあなたはその民に語られた。
御子よ──火を注ぐためにあなたは地に来られた。
御霊よ──炎の輝きをもってあなたは五旬節の
　　　　　　　　　　　　人々の頭(こうべ)を飾られた。

父よ──御子よ──御霊よ，
あなたは，昔も今も後の世も喰い尽くす火にいます。

火傷への不安を取り去ってください。
私の言葉（唇）の疥癬を焼き取ってください。
忘恩を灰に帰してください。
あなたのために私を焼き尽くし，
喰い尽くしてください。

　父よ──御子よ──御霊よ，
　あなたの到来を妨げている
　諸宗教の障壁に火を放ってください。
　教会や会堂の中の虚偽や嘘を焼き尽くしてください。

> そしてわが祈りが
> あなたや聖なる御使いの前で
> 御心に叶わぬときは
> ──それを燃やし尽くしてください。

パウロはこの形象を小さな炎から取った。それは，熱心にふいごを用い，薪を載せて，再び吹き起こさないと，かき消えてしまうだろう。我々は思い起こさねばならない。神の賜物は用いられねばならず，用いられず引き留められたまま焼き網にかけられてはならないのだ。

カルヴァン

試み

    なぜなら神が我らに与えられたのは，恐れの霊ではなく，
    力と愛と鍛錬の霊だからです。
                  テモテへの第二の手紙1章7節

さまざまな不安が我らのもとに鳥のように飛んできて
我らの内に巣を作ろうとするとき，
我らはあなた，聖き霊のもとに逃れる。

あなたはすでに我らのもとにいます，
我らがあなたの内へと沈められた時からすでに。

あなたは我らを強め，愛する力をくださる，
我らが愛せないその処(ところ)でも。

あなたは我らを導き，訓練し
あなたの教会へと建て上げる――今日もまた。

示してください，我らがしなくてもよいことを。
示してください，我らが為すべきことを。

神は仕える者たちを力の霊によって治められる。これは恐れとは真逆のものである。それゆえ，怠惰に放置しておいてはならず，信頼と意欲をもってこの霊の力を用い，行為を通して世に遍く知らしめねばならない。
                            カルヴァン

第3部 願うこと——執り成すこと

間違った恥に抗して

> 我らの主を証しすることを，また私が囚人であることを恥じてはなりません。
> テモテへの第二の手紙1章8節

恥を知らぬ時代
キリスト者たちは恥じて
彼らの真の姿をとることなく
匿名に留まろうとする。

  彼らはキリスト者であろうとするが，
  あなたについて語らず，
  あるいはあなたを欠いたままあなたについて語る。

ああ，我らをその匿名のさまから救ってください。
我らの緘黙(かんもく)を癒やしてください。
意識と無意識を充たしてください，
心と感覚を充たしてください
あなたの臨在についての認識と確信で。

あなたは我らの願いを聞き，また聞き届けられる。
だが我らの内には，なお多くの妨げがあり，
あなたが我らに恵むのを妨げる。
我らに，それらを除く力を与え，
また，檻の内で解放を待つ人々を

思いやる心を我らの内に作ってください。
我らは，パウロと違って，福音にではなく
間違った恥に捕らわれているのですから。

我々の心が，キリストの名ゆえに迫害を忍ぶ人々と交わることから逃れようとする，その方向に傾くとき，何にもまして求めねばならないのは，迫害から真に自由であるところの福音である。

カルヴァン

第3部　願うこと——執り成すこと

受苦を習いなさい！

　　　　神の力に従い，福音のため私とともに苦しみを忍びなさい。
　　　　　　　　　　　　　テモテへの第二の手紙1章8節

十字架上のひとよ，
あなたは我らのために苦しみを忍ばれた。
このとき我らに教えて，我らに
あなたのために苦しみを忍ぶ勇気を与えてください，
この世界に真の喜びをもたらすために。

彼の力によって我々は勝ちを収める。
　　　　　　　　　　　　　　　　　カルヴァン

福音の為しうること

> その方は，死の力を奪い，福音によって命と不死を明らかにされた。
> テモテへの第二の手紙 1 章 10 節

死は
テレビでは自慢げに，
新聞では威張っている。
その現れるところで，
偉そうに振る舞っている。

だが死はそう振る舞っているにすぎない。
彼がその筋(すじ)を動かしても
残っているのは骸骨だけ。

しかし，あなたです，彼から
筋を取り去り
骸骨の姿にされたのは。

私を，またキリストの信徒たちを赦してください，
我らがいつもいつも
偉そうに振る舞う者の為すがままに任せるのを。

私を赦してください，
彼の偉そうな振る舞いにあなたの福音に代わる信を置く私を。

第3部　願うこと──執り成すこと

「不死」とは，今なお隠されている，命の全き啓示がついに開示されることである。

カルヴァン

鏡に映すごとく

　　　　……死の力を奪い……。
　　　　　　　　テモテへの第二の手紙1章10節

あの大層な黒幕は，
小さな奴も大きな奴も
屈服させようとして，
自ら屈服させられてしまった。

あのボスどものボスは，
あなた，キリスト・イエスが
甦らされてからは，
もはや言い分をもたない。

ああ，我らの貧しい眼は
まだそれを見ていない。

神の認識，それを我々は今のところ彼の言葉から得ているが，確かな真実であり，何ら偽りを含まない。しかしこの認識は，我々がいつか神を顔と顔を合わせて見ることに比べると，「暗くおぼろげな」ものと呼ばれる。
　　　　コリント人への第一の手紙13章12節へのカルヴァンの言葉

第3部 願うこと——執り成すこと

復活

……福音によって命と不死を明らかにされた……。
テモテへの第二の手紙1章10節

あなたは光へと甦られた,
我らがあなたに倣って,
暗きに横たわり続けることなく,
光へと甦るために。

あなたは讃えへと甦られた,
天使や熾天使たちが讃えるために,
我らもまた讃えるために。

あなたは眠らず微睡(まどろ)みもしない,
我らが眠ることのないために。

我らをあなたの命へと起こしてください,
我らを照らしてください,我らが目覚めたまま
あなたの讃えに向かえるように。

キリスト者の心の中で,キリストの十字架が悪魔や肉に対して,また罪や神無き者たちに対して勝ち誇るのは,彼らの眼が復活の力に向けられる,その時に至ってである。

カルヴァン『キリスト教綱要』第3篇9章6節

復活 II

　　　……福音によって命と不死を明らかにされた……。
　　　　　　　　　　　テモテへの第二の手紙 1 章 10 節

キリスト・イエス，あなたは
我らの命をも
墓から連れ出された。
ああ　その命を光なきまま
薄明かりや暗闇におかないでください。
あなたの福音が我らを照らし，
我らの心に燃え
すべて死すべきもの
憂いの霊，自己同情，
焦り，昂ぶり
また憂鬱を悉く喰い尽くすように。

我らを日々の逆境においてもなお強くし，
我らを傷める者たちを
赦せるようにしてください，
また我らの知らない余所者たちを
顧みるようにしてください。

あなたの言葉と霊とともに
我らの心に留まり，
我らのささやかな耕地に

御国のための果実が実るようにしてください。

我らは，まだ光のうちに
生きていない総ての者たちのために願う，
子どもたちのために苦しんでいる親たちのために，
不正な仕打ちを受けた若者たちのために，
病人や死期近い者たちのために，
損失を被った者たちのために，
不当に扱われた者たち，悲しんでいる者たちのために，
あなたの光の魁として，
我らがいささかの元気を彼らにもたらせるように願う。

我らは，国中に死が勝ち誇っている
諸国民のために願う，
総ての民の内であなたの命が光となるようにと。

退却するのではなく，むしろ前進するように心がけなさい。あなた方は，一人が一人に教えるように，またあなた方皆が良き生き方によって力や知識の乏しい者たちに教えるようになさい。ほかならぬその仕方で敵を恥じ入らせなさい。そのようにして，神があなた方に託してくださった富をさらに増し加えるようになさい。そうするとき，あなた方は頭上に神の手を感じることでしょう。神に私は願いました。あなた方に神が与えられた恵みの賜物をあなた方のうちに増してくださるように，またあなた方を強くし欣然と立たせてくださるように，あなた方を狼や犬ども

の中で守ってくださるように，またどんな仕方でもご自身があなた方において栄光を顕されるように。同時に私もまた，自分のためにあなた方が執り成しをしてくださるように託しています。

フランスの福音主義信徒らへのカルヴァンの書簡
1547 年 7 月 24 日付

第 3 部　願うこと——執り成すこと

嘆き

　　　　福音のために私は宣べ伝える者，使徒，異邦人の教師と
　　　されました。
　　　　　　　　　　　　テモテへの第二の手紙 1 章 11 節

ああ，精神の怠慢，
寛容の化粧をした
快適さ，

また異邦人に教えるよりも
むしろ異邦人から学ぶこと，
それはより容易い。

ああ，黙した伝令，
あなたから学ばず，
座したままの使徒。

憐れんでください。
あなたの僕や仕え女(め)たちに
命を与え，動かしてください。

信仰をただの教理(おしえ)に変えてその意義を奪うという仕方にまして，サタンが精魂を傾けることはない。……信仰をただの教理へと崩れさせるために，敬虔な教師を疑いへと引き寄せる。

　　　　　　　　　　　　　　　　　　　　　　　カルヴァン

私に連なる人々のために，
また新しい日のために

　　　託されたこの貴重な富を，我らの内に宿る聖霊によって
　　　護りなさい。
　　　　　　　　　　　　　　　テモテへの第二の手紙1章14節

総ての霊にまして気高い霊よ，
あなたは父からまた御子から降られ
我らの内に住まい，
我らのために働き，
我らの助けとなられた。
あなたの助言なくして私は無力なままです。

どうか私に，妻に，また子どもたちに
あなたが我らの内にいますことを覚えさせてください。
我らがその忘れやすさに没せぬようにしてください。

今日私がすべきことを，あなたが示し
行うための力，勇気，理解を贈ってください。

霊が我々の内に住まうときとは，信じる者に彼の助けが望むということ
だが，彼らはそれを撥ねつけてはならないのだ。
　　　　　　　　　　　　　　　　　　　　　　カルヴァン

未決の戦い

あなたも知っているように，アジア州にいる者たちはみな私に背を向けました。その中にはフィゲロやヘルモゲネスがいます。
　　　　　　　　テモテへの第二の手紙1章15節

ご覧ください
堕落して，
地に横たわる者たちを。

ご覧ください
宗教を個人的所有と為し
もはや必要としない，
使徒や預言者たちを。

ご覧ください
自分本位の人々を，
彼らがなんと酷いありさまかを。

ご覧ください
あなたのばらばらにされた体を，
これを結び合わせ，
高めてください。

我らを

使徒や預言者たちと一つに結び，
　我らを高めてください。

かつて私の働きによって生じ，しばし世話をした群れの分断は，私の心が引き裂かれるかと思われるほどに，私の心を暗くする。
　　　　シュトラースブルクのヨハン・マールバハへのカルヴァンの書簡
　　　　　　　　　　　　　　　　　　　1554年8月25日

訓練

> それゆえ，わが息子よ，キリスト・イエスの内なる恵み
> によって強くありなさい。
> 　　　　　　　　　テモテへの第二の手紙2章1節

我らが自分の弱さを冗談半分に茶化す態度を赦してください。
それは我らを快くのんびりとさせ
あなたを逸れて生きるように
我らを誘い出す。

あなたは我らを逸れることがない。
さもないと我らは失われてしまうでしょう。

我らをあなたの恵みに向けて開いてください。
我らをあなたの言葉に向けて開いてください。
我らをあなたの力に向けて開いてください。

神がその言葉で我々から求めておられること，まさにそのことのために，神はその霊の保証を与え，我々が与えられた恵みによって強くなれるようにする。
　第一に，恵みは独りキリストから来る。第二に，それはキリスト者にとってなくなることがないであろう。
　　　　　　　　　　　　　　　　　　　　　カルヴァン

主要なこと

> そしてあなたが多くの証人たちの前で私から聞いたことを，他の人々に教える能力のある忠実な人々に委ねなさい。
>
> テモテへの第二の手紙 2 章 2 節

あなたはご自身の福音を人々にもたらされた，
彼らをあなたと結ぶために。
しかし我らはあなたの共用地を不動産に区分けし，
教会のベンチにばらばらに坐る。

神の家に集う者たちをご覧ください。
彼らは結び合わず，体とならず，
むしろ頭(かしら)を欠いたままでいる。

彼らを――頭(かしら)なるあなたのもとで
新たな存在となすべく引き寄せてください。
あなたに仕える者たちに思い出させてください，
彼らが救いの眼目を忘れることのないようにと。

カルヴァンがアンガーの教会に若い牧師を派遣したとき，このように記している。「愛する兄弟なる方々，我々は神に感謝しています，神があなた方の町に救いの教えの種を蒔かれ，あなた方を兄弟の一致へと結ばれ，あなた方に福音の眼目を示されたことを。すなわち，彼に属する者たちはみな，彼が我々に与えられた頭(かしら)のもとで一つの体に結び合わされると。……」(1955 年 9 月 9 日)。

同情ではなく──苦しみを同じくすること

> キリスト・イエスの良い兵士として（私と）ともに苦しみを忍びなさい。
> テモテへの第二の手紙 2 章 3 節

あなたの信徒たちは，あなたの一つなる教会の
分断を悩んでいる。
それはあなたの到来を妨げ
世界の悲惨さを増している。

我らをあなたの教会の内なる不正に対し
虐めに対して抗する者（プロテスタント）と為してください。
真実を語る勇気をください。
我らを諦め，失意，苛立ちから
解放してください。

我ら自身を見るのではなく，
あなたとあなたの御業を見つめさせてください。
我らをしてあなたの道を備える者と為してください。

キリストに仕える者は誰もが一人の戦士である。しかし，ここで仕えるというのは，他の人に苦しみを加えることにあるのではなく，何よりも忍耐のうちにある。

カルヴァン

軍役

　　　　いかなる兵士も，彼を任用した方の気に入るように努め
　　　　て，日常生活の心配事にかまけたりはしません。
　　　　　　　　　　　　　　テモテへの第二の手紙2章4節

あなたはご自身に属する者たちに平和をもたらされた，
そしてその者たちを戦争へと送り出される，
あなたの平和が世に来るために。

我らを動きやすくして，
日ごとの煩いに
もはや縛られたままではなく，
むしろ，あなたの平和のための戦いへと自由にしてください。

我らのことのためにではなく
あなたのことのために戦わせてください。
我らを戦わせてください。

入隊した兵士がその指揮官に対して軍旗への宣誓をしたならば，軍の規律は，彼がもっぱら兵役のことのみを考え，家や自分の仕事などを考えないように要求する……我々は，聖きことにのみ集中して，我々の熱意や努力を何ものも邪魔せぬようにせねばならない。

　　　　　　　　　　　　　　　　　　　　カルヴァン

執り成し

しかし主はあなたがあらゆることを理解するようにしてくださる。
　　　　　　　テモテへの第二の手紙2章7節

我らを受けることにおいて大胆にし，
我らの持たぬものを取る喜びを教えてください。
あなたは大様(おおよう)に与えてくださる主にいますから。

我らに，見えぬものを受けることを教え，
何よりも理解を得させ，
我らを，あなたにあって聖くまた強くしてください。
我らを，他者のために受けることにおいて豊かにしてください。

我々の想像力には，かの不壊の冠なる永遠の命まで舞い上がることが到底不可能なので，パウロは神のもとなる逃れ場を訪ね，テモテに知力を与えてくださるようにと祈る。
　我々が教えを無駄にせぬようにするために，主は我々の知性を開かれたのだし，戒めは皆，主自らが我々にその成就の力を渡されているのであるから，空しく与えられてはいないのである。
　　　　　　　　　　　　　　　　　　　　カルヴァン

忘れないように

　　　　記憶の内にイエス・キリストを保ちなさい。
　　　　　　　　　　　テモテへの第二の手紙2章8節

我らの忘れやすさは致命的だ。

我らがあなたを忘れるとき，主イエスよ，
我らのもとには博士たちだけが残り，医者はいなくなる。

我らがあなたを忘れるとき，主イエスよ，
我らは頭を失っている。

我らがあなたを忘れるとき，主イエスよ，
我らは命を失っている。

我らがあなたを忘れるとき，主イエスよ，
死とともに総てが終わる。

イエスよ，我らの頭と心に刻みつけてください，
我らがあなたの卑しさを愛するように。

キリストよ，我らがあなたの栄光を
見失わないようにしてください，
それは我らのものとなるのですから。

第3部　願うこと──執り成すこと

キリストの復活によって，我らの救いと安寧がようやく全きものとなる。
カルヴァン

メシア的に

>イエス・キリスト，私の福音によれば，ダビデの子孫として生まれ，死者たちのもとより甦られた方。
>　　　　　　　　　テモテへの第二の手紙2章8節

あなたの受肉の秘義は計り知れず深い，
詩篇詩人にして歌人(うたびと)なるダビデ
姦淫者にして殺人者なるダビデ
その相反する血筋の中にあなたは人となられた。

そうして先祖代々の重荷を負う我らの
慰めとなり解放となられる。

ダビデの種族(やから)をあなたの
復活のもとへ受け入れてください，
イスラエルが王の威厳を得
エルサレムが世界の歓喜となるために。

赦してください，あなたのキリスト教界が
あなたの復活を忘れていることを，
イスラエルを相変わらず妨げて，
その救い主を識らぬまま，
メシア的となれぬままに止めていることを。

キリストは死んで復活された。その出来事は我らのために起こった。そ

こにその二つのものの力とその稔り,すなわち復活の力と死の力とが明らかにされる。根本的に大切なことは,こうした事柄について聖書が決して冷静な報告者としては語らぬこと,常にその稔りを考慮していることである。

カルヴァン

自由な言葉

    しかし神の言葉は繋がれてはいない。
           テモテへの第二の手紙2章9節

聖なる神よ，あなたはご覧になる，解釈者たちが
教室や説教壇であなたの言葉を
自身に結びつけるのを。

あなたはご覧になる，なんと多くのキリスト者が
あなたの言葉をその心にしまい込んでしまうかを。
あなたは，あなたの言葉をその環境に
嵌め込もうとする教会やグループをすべてご覧になる。

ああ，聖なる神よ，あなたの御言葉を自由に解放し，
教室や，説教壇，また人の心や教会という
さまざまな牢獄から
奔り出ていって，
世界中を駆け巡るようにしてください。

たとえ我々が神無き人間の怒りによって攻められても，それでもなお福音はさらに告げ知らされ，さらに広がってゆく。

               カルヴァン

必要な言葉と無用な言葉

> そのことを彼らに思い起こさせ，何の役にも立たず，聞く者を惑わすばかりの言葉をめぐって争わぬように，神の前で証ししなさい。
>
> テモテへの第二の手紙 2 章 14 節

我らが日頃に語らう話のうちに
あなたの教会の充実が，あるいは分断が始まる。

不正な語らいに対して我らが不安を抱くようにしてください。
必須の言葉に対する勇気を与えてください。
あらゆる内緒話や媚び諂いから守ってください。
あなたとあなたの支配に対する臆病な裏切りから守り
我らを喜ばせてください，
あなたの到来を伝え広め，
我らが語らいにおいて，一つとなるように。

「世にある死の様相はさまざまだが，そのすべてにまして，教会の分断を怖れなさい」。1559 年の 6 月末，カルヴァンはフランスのプロテスタント教会に書き送った。この教会はすでに「さまざまな死の様相」を十分に経験していた。

義しく分かつ者の振る舞い

> 神の前で自分を，まじめで非の打ちどころない働き手として，何ら恥ずる処なく，真理の言葉を正しく分かつ者として，示すように努め励みなさい。
> テモテへの第二の手紙2章15節

あなたの御前に生きる教師たちを我らに贈ってください。
説教壇や祭壇から
興行師たちを追い払ってください。

ただあなたがくださるものを
我らにもたらす教師たちを我らに贈ってください，
あなたについての沈黙を
一塊のパンのように割いてくれる説教者たちを，
自分の考えを持ち込まず，あなたが込めた
そのものを汲み出してくる，
聖書の解釈者たちを。

自ら自覚することなく
人々はあなたの言葉に飢え乾いている。
御言葉を響かせてください。
渇いた者に飲ませてください，飢えた者にも糧を。

それは，教える目的をふさわしく示している優れたイメージである。
……パウロはここで教師たちに，父がその子どもたちにパンを割いて分

けるように，御言葉を分かち与えなさいと，課題を指示している。……
私はこのイメージのもとに，御言葉を分与する賢明な仕方を理解する。
それは，聞き手の進歩を正しく導く仕方である。

命取りなことに抗して

> 下品な無駄話を避けなさい。なぜなら，それはもっぱら不信に邁進する者たちに仕えるもので，彼らの言葉は骨をむしばむ腫瘍（癌）のように広がるからです。
> テモテへの第二の手紙 2 章 16-17 節

もろもろの風の主よ
一陣の風を吹き送ってください。
卑しい言葉を，
その微粒の埃，環境を汚す毒を掃き浄めてください。
あなたの町を清掃してください。

おお，天の外科医よ，
あなたの体
あなたの病んだ体なる
キリスト教界から
腫瘍を切り取ってください。

自己満足的で虚しいお喋りは……教会の内的な命の発育を促すことなく，見た目には十分とは思えぬかもしれぬ素朴な福音を，空虚な哲学に変えてしまう。空しいお喋りにもまして無なるものはない。それは，霊の力を窒息させ，高慢だけを膨らませる。霊の本当の力，預言者の威厳，使徒の確信を何ら感じさせないような教えはどれもが，これにあてはまる。
テモテへの第一の手紙 6 章 20 節へのカルヴァンの言葉

第3部 願うこと——執り成すこと

必要な避難

若者たちの享楽から逃れなさい。むしろ清き心から主の名を呼ぶ総ての者たちとともに,義と信仰と愛と平和を追い求めなさい。
テモテへの第二の手紙 2 章 22 節

三重(みたび)にも聖(きよ)き方よ,
逃げる勇気を与えてください

彼らの享楽に直面する孫たちに,
彼らの憂いに直面する老人たちに。

欠けているものを
追い求めてゆく
忍耐を贈ってください,

あなたの教会の内に,
義と
信仰と
愛と
平和を求めてゆく忍耐を。

享楽という言葉で,パウロは,たいていの若者たちが病んでいる性的放縦や,他の道徳的逸脱などを理解しているのではない。……いな,若者たちの激情が際限なく惹かれてゆくような性癖のすべてを,区別なく指

しているのである。

　　　　　　　　　　　　　　　　　　　　　　　カルヴァン

一緒に言い争うこと

> 愚かで無用な問答を退けなさい。それらが諍いを生むばかりであるのをあなたは知っているのですから。
> テモテへの第二の手紙 2 章 23 節

我らは多くを語り,しかもほとんど何も話さない。
最も単純なことが我らにはできない。ともに語ることで
他の者を助けて,あなたのもとに近づけることができない。

それゆえ,世界には怖がらせ脅かすような災いが溢れている。
我らは気がつかない,我らの語りがそれを引き寄せているのを,
我らの語りがいかにそれと絡み合っているかを。

我らが見聞きすることに対して,我らの感受性を鋭くしてください。
我らに気づかせてください,何があなたの平和に仕え
あなたの到来を促すことかに。

我らに避けさせてください,あなたに縁遠いこと
不和をもたらすことを。
傷つけられても,哀れっぽく嘆かぬようにしてください。

ただそのことだけを我らの痛みとしてください,
あなたの体が割かれ
あなたのキリスト教界が一体ではなくなることを。

あなたがさまざまな友人に書き送ったこれらの手紙から私は，人々の驚くべき熱狂が喧嘩や争いを引き起こして，教会に忌まわしい損害をもたらしたことに対するあなたの嘆きの大きさを知りました。彼らの内の何人かがあなた個人に狙いを付けているが，あなたはその信仰のゆえに，事全体の災禍についてさらに多くの痛みを持ち続けていると，私は考えています。

メランヒトンへのカルヴァンの書簡
1556年9月17日付

神学者たち

> 主の僕たる者は口争いをすべきではなく，誰に対しても親しみ深く，教えることに巧みで，悪を忍ぶことができなくてはならない。
>
> テモテへの第二の手紙 2 章 24 節

いや，我らは口論好きではない——ただ孤独なだけで
厄介な仕方で無邪気なのだ——まさしく役人なので，
いとも容易(たやす)く僕の分を忘れ，主人の上に立つ者となり，
主人の力を削いで，自分自身には親身を尽くすのだ，
何でもできるが——怒りを我慢できない教師なのだ。

いや，我らは口論好きではない——ただ孤独なだけで
厄介な仕方で無邪気なので——冷戦には適しているのだ。

キリエ・エレイソン，主よ，憐れみたまえ，
キリエ・エレイソン，主よ，憐れみたまえ，
あなたの神学者たちを。

キリストの僕は誰に対しても親切であれと，パウロが欲するとき，彼は闘争心とは真逆の徳を要請している。……抑制と友愛の修練されぬところで，教えは足場を固めることができない。……それゆえ口論や諍いを最も嫌う者こそが，最上の教師なのである。

カルヴァン

怒りは在る

　　　……悪を忍ぶことができなくてはならない。また，逆らう者たちを柔和な心で諭し，神が彼らに悔い改めを与え真理を知らしめるかどうかを……。
　　　　　　　　　　　テモテへの第二の手紙2章24-25節

我らはもはや悪に対して
悪で応えてはならない，
むしろその力に対して
あなたの力，
あなたの善の力に頼まねばならない。

あなたは悪人たちを根絶されようとはされず，
かならずや救おうとされる。

あなたは我らを悪から救われる，
それゆえ我らは願う，
我らが作り出すような
悪からも我らをお守りください。

悪人たちに
回心を，またあなたのもとでの
居住権を与えてください。

パウロはまた，信仰の教師は悪を忍ぶこともまたできなくてはならない

と言う。しかもそれは，彼が，反抗的な者たちや憚ることを知らぬ粗暴な者たちを正しき道に立ち戻らせるべく努めねばならないからだと言う。彼はそれを専ら柔和をもってしか為しえないのだ……。
　誰が知ろう，あるいはこの日にも，一見未だ教えを受けつけないような人間が，突然神の力によって別な人間とされうるということを。
カルヴァン

悪について

　　　　……また彼らが，捕らえられ，その意のままになってい
　　　　る悪魔の網を逃れて，再び目覚めさせられるように。
　　　　　　　　　　　テモテへの第二の手紙2章26節

啓蒙の薄明の中
ある者がその投縄を携え
匿名の闇へ立ち去り，捕虜たちを
自分の慢心のうちに縛り付けておこうとした。

ああ主よ，縛られた者たちを解放してください，
権力や所有欲に，心配や嗜癖に
また虚栄や享楽に捕らえられた者たちと
私があなたに名指す者たちを……

その敵が捕虜を加えるとき，あなたの教会を眠らせないでくだ
　さい。
彼らを薄明や闇から引き出して，
あなたの光の中へ引き入れてください，
彼らをその黒幕に対して目覚めさせてください。

マラナタ，
綱を解いてください，
来てください。

第3部　願うこと——執り成すこと

ファレル殿，サタンが我々を（おおやけに挑む戦いを別としても）いかなる策略をもって，またいかに多くの密かな企みをもって攻撃するか，あなたは全く信じておられない。ことの全体を平静に保つためには，個人的に平静でいることは誰にもできないでしょう。

ファレルへのカルヴァンの書簡
1557 年 2 月 3 日付

サタンが我々にたいそう力を及ぼし，我々を奴隷のように好き勝手にここからあそこへと駆り立てうるというのは，まことに恐ろしい状況である。だがそうなるのは皆，心ひそかに反抗して神から免れようとする者たちなのだ。

テモテへの第二の手紙 2 章 26 節へのカルヴァンの言葉

我らの備える将来

> だがあなたは知らねばならない，終わりの日々には恐ろしい時代が来ることを。
> 　　　　　　　　テモテへの第二の手紙3章1-9節

我らが備える地の将来は
恐ろしいものでしょう，それは，我らがいかなる者かを
白日の下にさらすでしょう。

それゆえに，主キリストよ，我らは願う，
我らをその将来から解き放ち自由にしてください。
我らにあなたの将来をもたらしてください。

我らが備える将来は
キリスト教界の嘘を白日の下に晒すでしょう，
「敬虔の装い」(3:5) に
また修養や儀式に自己満足するその姿を晒すでしょう。

主キリストよ，我らにあなたが臨む現在を贈ってください。
それは，あなたの真実の現在であり
我らをもはや偽善のうちに止めおかぬでしょう。

パウロはこの告知をもってテモテにさらに入念な配慮を呼び起こす。……こうしてパウロは，教会がより重いさまざまな病に陥るであろうことを示唆する。それらは，教会の牧者たちに，特別な忠誠，熱意，覚醒，

分別,倦むことを知らぬ毅然とした立処を求めるであろう。……我々はそこから学ぶことができる。我々は,いかなる困難に直面しても,そこから逃げたり,怯んで脅えてはならず,むしろ,それらに抵抗して立ち上がらねばならないと。……それゆえ,無為に懐手をしている時などないのである。

カルヴァン

外見ではなく存在

　……彼らは神を恐れることをその姿では装いながら，その力を否定する。そのような者たちを避けなさい。
テモテへの第二の手紙3章5節

あなたの力を欠いて
我らの信仰は人間の悪徳を凌駕することがない。
そこで我らはあなたを，また自他を欺いて
あなたを無とする――他のいろいろな無と同じだと。

それで我らは切に願う，
我らの勝手な信仰心を赦してくださいと，
あなたを怖れることなく
あなたの御名を濫用するその姿を。

我らを牧者としてください。

　この宗教改革者は知っていた，「人間の霊はどの時代も，いわば偶像製作所であった」と（『キリスト教綱要』第1篇11章8節）。
　偽善者の厚かましさと下劣さはまことに信じがたく，一旦神の御名を偽善的に濫用することに慣れると，彼らは何らの羞恥心もなく，違反の極致すらをも許してしまうのだ。
テモテへの第二の手紙3章2節へのカルヴァンの言葉

永遠の学生

> ……そのような者たちを避けなさい。彼らは……いつも学んでいるが，決して真理の認識に至ることがありません。
>
> テモテへの第二の手紙3章 5-7節

  聖なる神よ，
  あなたは単純明快に，三つにして一つ，
  混乱した心にとっては，ひどい混乱と思われたまま，
  あなたの智恵は，小賢しい者たちには隠されている。

混乱した小賢しい者として，我らはあなたに呼びかける，
我らの知性を増してください，
あなたの単純明快さを認識し，
理解し，それに熟達して，聖性へと
自由にする真理を見いだしますようにと。

  我らを赦してください，
  我らが寛容を，怠惰にも我らの思考が潜り込む
  休息布団としてしまい
  真理を求める闘いから臆病にも逃げ出してしまったことを。

  我らの寛容を赦してください，
  それがたいそう快いので，
  我らはそれを讃えるのが好きなのです。

時が経過して，我々のただ中に小賢しい文筆家たちが登場することとなりました，……彼らは，疑うことにすら敢えて自由を当てはめる忌まわしさで，宗教全体を破壊するに至る，……すなわち，何らかの疑いを抱く者には，聖書を好き勝手に引き回すことが憚ることなく許されることになる。こうして結局，人々が至り着くのは……，彼らは常に学んでいても，真理の認識には決して至らないということです。
　　　　　　　　ザクセン選帝侯の三人の息子へのカルヴァンの書簡
　　　　　　　　　　　　　　　　1554 年 7 月 31 日付

復活祭

> キリスト・イエスにあって神を恐れて生きようとする者はみな，迫害を忍ばねばなりません。
>
> テモテへの第二の手紙3章12節

あなた，甦らされた方よ，
気ままな逸楽と受苦への弱腰は
あなたの与り知らぬこと。

眠そうなキリスト者を目覚めさせ，
不安げな者たちを励まし，
臆病な者たちを勇敢に立たせてください。

市民の勇気を小心な物怖じに対して勝たせてください。
あなたとあなたの者たちへの愛を
自己愛に対して勝たせてください。

抑圧された者たちを立ち上がらせ，
物言わぬ者たちに語らせ，
お上(かみ)の座に就く者たちを黙らせてください。

世界の主よ，
我らはあなたを怖れ，人を怖れますまい。
あなたは，我らを怖(こわ)がらせた者たちよりも強い。

一人の人間に，神のことに向かおうとする信仰の情熱が現れるやいなや，不信の者たちすべての怒りが燃え上がる。彼らがただちに剣を抜かない場合でも，彼らはやはり，呟き，侮辱，憤り，あるいは他の仕方で，彼に毒を吐くのである。
……全く妨げを受けず，迫害から免れたままでは誰もいられない。

カルヴァン

聖書

　　　なぜなら，この書はすべて，神に霊を吹き込まれており，
　　　有益です。
　　　　　　　　　　　テモテへの第二の手紙 3 章 16 節

あなた，聖なる方よ，いかなる天も容れることなく，
いかなる人間の知性も捉ええぬ方よ，
万有に勝(まさ)って気高いあなたは
あなたの御本(みふみ)の中であなたを小さくされ，
我らの役に立とうとされる。

助けてください，我らが軽んじたり濫用したりせぬよう，
あなたが我らに文書として与えられたものを。
世界の救いのために読むことを，我らに教えてください。

我らは，講義室や教会堂の中にいる
御本(みふみ)の解釈者たちのために願う。
あなたの教会(まじわり)を聖書の解釈者としてください，
世界の日々のために。

聖書は有益です。いかなる益も生じない仕方でそれを用いることは，冒瀆です。
　　　　　　　　　　　　　　　　　　　　　カルヴァン

説教すること

> それゆえ神とキリストを前にして絶えずあなたに忠告します。キリストは来られ，生ける者と死せる者とを裁かれる。その彼の表れと彼の御国において命じます。御言葉を説き明かし，時が良くとも悪くとも，しっかりとそれに励みなさい。叱責し，警告し，柔和の限りを尽くして忠告し，教えなさい。
>
> テモテへの第二の手紙4章1-2節

聖なる方よ，
あなたは今日(こんにち)言葉少ない，
しかしあなたの国は言葉豊かであり続ける，

あなたが語られ生起した，
創めから，

あなたが来られ
我らを我らの言葉に従って裁かれる，
終わりに至るまで。

あなたの言葉とあなたの力は
一つ
そしてあなたは両方を
テモテのような人に与えた，

第3部 願うこと──執り成すこと

男女の説教者たちに与えた，
彼らはそこから日曜の話を作り
我らは彼らにそうさせてきた。

しかし，正しい言葉が欠けたところ
政治は堕落し
人々は不安を抱く。

説教者は自らをその職分に捧げるが，それは単にそれが彼の性に合っていて快いからではなく，彼がいかなる労苦や不快なことにも怯むことなく，自己に安逸を許さないからである。その教会で，思慮深い粘り強さをもって，眠っている者を揺すって目覚めさせ，迷っている者を立て直し，世の空しい事柄に夢中になっている者を，正しい道に導かねばならないのである。

カルヴァン

まさにその時です

御言葉を説き明かし，時が良くとも悪くとも，しっかりとそれに励みなさい。
テモテへの第二の手紙4章2節

おお神よ，この苦境はあなたに因り，
この下降は我らに困る。

立つかわりに，我らは退き
その瞬間を逸してしまう。

あなたがご自身を隠され
我らを独りにされるのも，不思議ではない。

ああ神よ，あなたの言葉を
引き留めることなく，

それが歴史を作り
世界の再生へと導くように。

役立たずを役立つものとしてください，
今日すでに——また私をも。

まことに，かつて神の真理を憚らず自由に語り出さねばならない時がありましたが，誰もが見るとおり，今日もまさにその時なのです。

イングランド王エドワード6世へのカルヴァンの書簡
1551 年 1 月 24 日付

時が良くとも悪くとも

　　　叱責し，警告し，柔和の限りを尽くして忠告し，教えなさい。
　　　　　　　　　　　　　テモテへの第二の手紙4章2節

父よ，
あなたの反抗的な子どもたちは自律を欲し，
おのが身を自ら定め，
あなたの道ではない，
自分の道を行こうとする。

そこであなたのテモテは意気地をなくし
その人差し指を引っ込めて，
弱虫となった。

それゆえに我らに対する
さまざまな脅威が生起し
地下壕には時限爆弾が時を刻んでいる。

我らに説教者を贈ってください。
その精神（霊）が，時代の精神（霊）よりも
強い説教者を。
彼らが諸々の不安から出で往く道を開き，
あなたへの恐れのみが保証する自由へと導くように。

第3部 願うこと——執り成すこと

どうして我らは，いかなる時いかなるものからの
脅かしを感じることがあろうか，我らがあなたの本性を蔑ろにし
あなたから脅かされるのでない限りは。

世界の仕組みが我々の学校となるように設えられていた，それが世の初めの秩序であった。そこで我らは正しく神を恐れることを学び，それから永遠の生命へ，全き至福へとさらに移り往くはずであった。しかし，堕罪ののちは，別のものとなった……。

カルヴァン『キリスト教綱要』第2篇6章1節

一家言ある人々に対して

柔和の限りを尽くして忠告し，教えなさい。
テモテへの第二の手紙４章２節

全能の方よ，忠告する者を目覚めさせ，
彼らを権力者たちのもとへ送ってください，
あなたの力が地上に増し加わるために。

主よ，我らは世界の
主人たちのために願う，
彼らがあなたの支配に繋がるように。
あなたが彼らを通して治めてください。

学者たち，芸術家たちのために，
医局長たち，工場長たちのために，
ジャーナリストたち，政治家たちのために，

一家言ある総ての者たちのために願う，
彼らに語り，彼らを通して語ってください，
すべての無力な語りを阻止してください，

真実の神奉仕（礼拝）を贈ってください。

私は確信しています。神があなたにおいて栄えある方とされ，あなたの
魂が救われ用いられるのが，私の唯一の願いであるとあなたが知るとき，

あなたもまた直ちに，あなたの総てである方の名前において，私の忠告をすすんで受けることでしょう。というのは，王侯の課題が重くなればなるほど，その義務を思い起こすように促されることがますます必要になるからです。……そうして，今の一瞬は，人の器量の大小はいずれであれ，以前にも増して，神に相応しく仕えることが求められている時なのです。

ナヴァーラ王へのカルヴァンの書簡
1557 年 12 月 14 日付

悪しき時

人々が健全な教えに堪えられなくなり，自身の欲望に従って，自分勝手に教師を任じて耳に快いことを語らせ，真理から耳を逸らして，空想話に傾いていく，そんな時代となるでしょう。

テモテへの第二の手紙4章3-4節

おお　重荷となる教師たちよ，
彼らは皆が好むことを教える──
あなただけはそうではない。

おお　町々，村々の教会よ，
そこではあなたの真理が失われた。そこにはいつも
あなたの光が欠けている。

あなたの教会をご覧ください，自分のことにかまけて，
囚われの者たちを忘れ，殉教者はなおさら顧みず
あなたを見てはいない。

我らの社会をご覧ください，
さまざまな享楽に仕えて，
あなただけには仕えない。

リヨンのマティユー・デュモネは「悪名高い放蕩者であったが」「突然の全き回心を経て」福音信仰に帰依した。そのため，1553年1月9日

に捕らえられ，7月15日に火刑に処せられた。カルヴァンは彼にこう書き送っている。「彼はあなたに最初の瞬間から，真理に敵なす者どもがイエス・キリストの徴と認めざるをえない，毅然として動かされることのない力を贈られた……あなたは多くの試みを忍ばねばならぬとしても，恐れることはない。ひたすら彼に委ねて，あなたの内にあるものに信をおかないように。ただ彼独りがあなたを立たせる力を備えた強き方にいますことに，あなたの希望を据えなさい。ほかには次の二つのことに目を注ぐことが必要です。あなたの戦いがいかに重大なことか，そして福音を告白して立ち，耐え抜く者にはいかなる勝利の冠が約束されているかに」(1553年2月10日)。

「リヨンで捕らえられている兄弟たちについて，新しいことは何も伝えらていない。彼らは我々に一週おきに手紙をよこし，その度ごとに私から励ましの言葉を受けているが，これは私が欲するからであって，彼らが返信をどうしても必要としている訳ではない。なぜなら神の霊の素晴らしい力がその力を示して，彼らにその輝きを与えているからです。ただ，私の手紙が彼らのさらなる励ましとなっていることを，私は疑いはしない」(1553年2月15日)。

正当な疑い

    しかしあなたは，いつも冷静でありなさい。
          テモテへの第二の手紙４章５節

 我らをしてあなたを疑わせずして，
   我らを疑わせよ。
 我らをしてあなたの言葉を疑わせずして，
   皆の言うことを疑わせよ。
 我らをしてあなたの智恵を疑わせずして，
   我らの理性を疑わせよ。

 我らをしてあなたの到来を疑わせずして，
   不信の心を抱かせよ
   さまざまな予報や動向に対しては。

我々は，張り詰めた緊張感をもって主を待ちのぞむようにしよう。
……霊的な冷静さとは，我々が此の世の事柄を用いるにあたってもっぱら慎重で控えめな仕方を貫く，そこに現れる……。
    テサロニケ人への第一の手紙５章６節へのカルヴァンの言葉

第3部 願うこと――執り成すこと

人生の意味

> 私は良い戦いを闘いました。
> テモテへの第二の手紙4章7節

霊において
将来はすでに完結している,
私はすでに追い越してしまっている,
なお私の前にあることを。

聖なる霊よ,
あなたにあって私は到達点にある,
私が闘うのは,
私があなたを失わないため。

現在のこの命は闘うべく定められている。

> ジュネーヴへの帰還を前に
> ファレルへのカルヴァンの書簡
> 1540年10月21日付

目標への途上で

> 私は走路を走り終えました。
> テモテへの第二の手紙 4 章 7 節

最後の段階がまだ私の前にある。
助けてください，私が倦み疲れることなく，
弟子であり続け
なお学ぶべきことを学ぶように，
そうして，私に託されている人々も
　　　　　あなたについて何某（なにがし）かを学ぶように。

〔テオドール・ド・〕ベーズがペストに冒されたと聞いたとき，カルヴァンはあるフランス人（不詳）にこう記している。「彼が失われたのは自分のせいだとあなたが考えるとしたら，それは悪い兆であり，あってはならないことです。彼はその死を通してあなたを真実に，また揺るぎなく獲得するというのが，より正しいでしょう。なぜなら，キリストの他に我々が獲得できる何があるというのでしょう。しかし，ベーズが生きながらえるようにという我々の願いが叶うことを，私は望んでいます」。

1551 年 6 月 30 日

ことの核心

> 私は誠実を保ちました。
> テモテへの第二の手紙 4 章 7 節

あなたは誠実にいますから，永遠なる方よ，
我らを誠実であらせてください。
誠実に執り成して
あなたに実りをもたらすように。
誠実にあなたを待ち望ませてください，
あなたの国がまもなく来るようにと。

私を誠実であらせてください
力が衰えて
疲れがいや増すときに，
誠実に朝，昼，夜を過ごし，
思考に，言葉に，わざに，誠実でいられるように。

昨日我々は彼のもとで長く過ごした。来たるべき死の兆候がすでにはっきりとしたとき，私は彼に，体のためより心のために，より多く慰めの言葉を語った。彼はすでにいささか混乱していたが，まだひどくはなかった。私を再び彼の部屋へと呼び戻して，私に彼のために祈るように求めたのだから。彼は，先立って私が祈りの実について語るのを聞いていたのだった。

あるペスト患者訪問についてのカルヴァンの言葉
1538 年 8 月 20 日付

生きた信仰

> この後私には義の冠が備えられています。……しかし，それは私一人だけにではなく，主の現れを慕い求める者たち総てに備えられるものです。
>
> テモテへの第二の手紙4章8節

あなたが来られるとき，その時が来る。
黙した者たちは歌い始め，
泣く者たちは笑い始め，
盲目の者たちはあなたを見る眼を得て，
足の萎えた者たちは速く駆け，
卑い者たちは高められた者となる。

そして死者たちは。
彼らはどこにいるのか。
彼らはここにいる。

早く来てください，
死者たちが増えすぎてしまう，
来てください，

その時です。

生きた信仰のあるところ，我々の心は，この世にあっても鈍くされることなく，終わりの日の復活に対する希望へと高められる。

カルヴァン

朝に

> しかし主は私をすべての悪しき業より救い出されるでしょう。
> テモテへの第二の手紙 4 章 18 節

あなたは,
何が私を不安にするかをご存じで,
私をこの日,狭い径を抜けて
広いところへと
導いてゆかれる。

　　私は,皆のために願う,
　　自らの狭いところに囚われている
　　皆のために。
　　また願う,よく眠れぬまま
　　不快な朝を迎える皆のためにも。
　　自分を劣った者と思い,
　　打ちひしがれた者たちのために,
　　また横柄に振る舞い
　　思い上がって己を失った者たちのために,
　　身も心も痛めつけられている者たちのために,
　　彼らに解放を味わわせてくださいと。

　　そしていたるところに,目覚めさせてください,
　　あなたの御国の 輩(ともがら) を,

この日あなたの道を備えるその者たちを。

「我々における」神の恵みの絶えざる働きを示してくれる優れた証明……。

カルヴァン

夕に

……そして私を助け，彼の天の御国へと引き上げてくださるでしょう。
テモテへの第二の手紙4章18節

今日あなたは私を広いところへ導かれた。
私は私の狭いところに留まっていた。

赦してください，為さなかったこと，下手に行ったことを，
怠りがあり，自分中心で，臆病であったことを。

眠っているあいだにあなたはご自身の者たちに贈る。
私の小さな信仰に抗して願う，
あなたが私をあなたの世界に受け入れてくださるように，
私に恵みをくださり
天上の広さを与えてくださるように。

天を求めるがゆえに地を顧みない者は，両方をともに失わねばならぬと，あなたは戯れに口にするが，「まず神の国を求めよ，そうすればあなた方に他の総てはそなえられる」（マタイ6:33）と我々に語る神の子よりあなたの君主を信じることは，私にとってあってはならぬことだ。
クラカウの城代ヨハン・フォン・タルヌフへのカルヴァンの書簡
1559年11月15日付

昼に

> ……彼に栄誉がありますように……。
> テモテへの第二の手紙 4 章 18 節

聖なる神よ，あなたの大能を現実に示してください，
我らが喜び，あなたに栄誉を帰するように。
隠れたままおられないでください。

我らは教えられている，
あなたがご自身を知らしめることを。
あなたが隠れたままおられるところ，
我らに，その為すところ総ての内に，
あなたを探させてください。

葡萄育つ山，苑，牧，また杜はあなたを讃える。
我らもまたあなたの讃美へと生かしてください。

神の真理は，この世の生のすべての快さにまして優先するに値します。そして神の栄誉，また神への奉仕に対しては，そこからあなたがたを遠ざける総てのものがはるか彼方に退けられねばなりません。

> メスの福音主義信徒へのカルヴァンの書簡
> 1559 年 7 月 19 日付

時への祈り

……永遠(とこしえ)から永遠(とこしえ)に。
テモテへの第二の手紙4章18節

あなたに感謝する　その時を
あなたは贈ってくださる。

あなたを讃える　その時を
あなたは贈ってくださる。

あなたを誉める　その時を
あなたは贈ってくださる。

あなたの時を
我らは失ってしまった。
新しく贈ってください。

我々が口で，また命をもって神への讃美を歌う源なる，自然という歌の本……。
詩篇第148篇についてのカルヴァンの説教
ミュールハウプト，前掲書，109頁より

第4部
祈り——感謝すること

まず第一に

> ですから，私は勧めます。あらゆることに先立ってまず，
> 総ての人のために願い，祈り，執り成し，感謝しなさい。
> テモテへの第一の手紙2章1節

あなたは我らを
王の民，祭司の民とされた，
それは我らが，霊において祈り，また真理において祈りつつ，
あなたの霊の賜物へと
我らの限界を超えて育ちゆくため。

あなたは我らをご自身のもとへと高め，
あなたの恵みを味わわせてくださる。
祈りにおいて我らはあなたを地に引き寄せる，
我らと同じ時代の人々もまたあなたを享受するようにと。

あなたは我らを高める。
我らは思い描けぬものを鏡に映して見ている，
我らが祈るとき
また，我らの内に生きて働く
あなたの奇跡を　息に吸い込むそのとき。

カルヴァンは，霊の賜物を用いることを天上の音楽になぞらえるが，それを我々は地上で奏するのである。「奏楽が多くのパートをもち，それらが調律で合わされて良い響きをもたらすように，賜物と課題もまたさ

まざまに分け与えられているが，やはり〈一つの〉目標に仕えている。……皆がその特別の賜物を全体に仕えるようにし，誰もが自己の救いではなく皆の救いを考えるのだ」(コリント人への第一の手紙12章4節について)。

時

> 神の御心により，キリスト・イエスにある命の約束に従って，キリスト・イエスの使徒となったパウロ。
> テモテへの第二の手紙1章1節

時の経過にはすでに永遠の影が流れ込んでいる。
新たな天のもとにはすでに新たな地。
この幸いはもはやガラスのように砕けない
それは来る，留まるために。

主キリスト・イエス，あなたは造られる，未だかつてなかった
　　ものを──
私をも新たに。未だ経験されていないことへの途上で
私をともに連れゆかれる。

あなたの生はまだ私の内に隠されている。
だがそれは，死のように強くあなたへと生い育ってゆき，
感謝の内へと死んでゆく。

昔も今も変わらず，あるもの総てが感謝となるところへと。
さらに，さらに感謝。ひたすら感謝あるのみ──
仰ぎ奉るのみ。

昇天と復活は一つのことである。それゆえ，我々がキリストの肢体であるとき，我々は天に昇らなくてはならない。キリストは，死者たちのも

とから起こされ，天に受け入れられたのだから。我々をご自身とともに連れゆくために。
コロサイ人への手紙3章1節へのカルヴァンの言葉

命

　　　　　キリスト・イエスにある命の約束に従って……。
　　　　　　　　　　　　テモテへの第二の手紙1章1節

あなたは
呼ばれた，主よ，道楽者と，
飲み食いをおそらく好まれた，
おそらく喜んで
パーティの招きに応じられた。

後ろ指を差す者たちは
大食らいの
大酒飲みと陰口をたたいた。

カナであなたは命じて，水を
洗浄用の甕に注がせた，
洗濯を命じたのではない，
それどころか500から600リットルもの最上の酒を
祭りの客へ振るまうようにと。

それほどにあなたは気前よくあられた。
死を知らぬ道楽者よ，
今日もまた気前よく
あなたは私の命であられ
私はあなたの命を楽しく生きている。

キリストにおいて我々の目に示された命は,福音において啓示されているだけではなく,我々が享受するために与えられているのです。
　　　　　　　　　　　ジュネーヴの参議官へのカルヴァンの書簡
　　　　　　　　　　　　　　　　　　　　1552年1月1日付

勝利への途上

またたとえ誰かが競っても,正しい仕方で競わないならば,栄冠を受けることはありません。
                テモテへの第二の手紙2章5節

まだ我らは,あなたが我らに予め定められた
その場所に立っていない。
まだ我らは勝者として表彰台に立っていない。
まだ我らは悩み,闘わねばならない。
まだ我らは知らない,耐える時か,攻める時か
                黙る時か,語る時かを。

時を理解し,状況を治めることを教えてください。
我らに忍耐,勇気,公正,また根気を贈ってください,
我らが戦いに尻込みすること,放棄することのないように。

あなたの内に我らは良い状態(コンディション)を保っていく。

今パウロは根気について論じている。一つ二つの戦いを終えたからといって,総てを克服したなどと誰も言ってはならない。譬えは,運動の競技者から採られている。そこでは,最終的な勝者として残らないならば,誰も賞を得ることがない。

                    カルヴァン

再生

> ……わが愛する息子テモテに……。
> テモテへの第一の手紙1章2節

ベツレヘムにあなたの陽が昇ったとき，
命が新しく世に来て
繁殖を始めた。

太祖の昔から
生物の命が繁殖してきたように，
いまや，あなたの霊において。

こうしてあなたは
世界の新たな創造を始める。
その進行のうちにあって私は手を組み
三つにいます方——あなたに祈る。

私にあなたの命を贈ってくれる
人々のゆえにあなたに感謝する。
私は待ち望むものたちを
楽しみに待つ。

あなたの新たな創造の奇跡はさらに続く，
私の祈りの内においても。

この呼び名(「わが愛する息子」)には，彼(パウロ)が彼をキリストにおいて産んだという根拠がある。こう語る栄誉は一人神にのみあるが，それはまた彼の僕たちにも移りゆく。彼らの労苦を用いて神は我々を再生へと導くからである。

カルヴァン

地上の俗事を離れたこと三つ

　　　　父なる神と我らの主イエス・キリストの恵み，憐れみ，
　　　　平和を！
　　　　　　　　　　　　　　　テモテへの第二の手紙 1 章 2 節

父の恵みは，失われた者を腕に抱く。
子の恵みは，犯罪者をパラダイスに連れて行く。

その人の憐れみは，我らが古き人であり続ける限り心を痛める。
その人の憐れみは，私を心に担いつつ，私の内に住む。

その方の平和は，ギデオンを殺さず，彼は祭壇を建てて捧げた。
宥和者の平和は，我らがまだ敵だったとき，我らのために死を
　忍んだ。

聖なる霊よ，あなたは余所者(よそ)を土着の者と為し
我らを変えて，あなたの与えるその姿に至らせる。

聖霊は，「神がその御力を行使する，神の御手である」。
　　　　　　　　　　　　　　　　　　1957 年 11 月の言葉
　　　　　　W. クルシェ『カルヴァンによる聖霊の働き』
　　（W. Krusche, Das Wirken des Heiligen Geistes nach Calvin）による

我らの特権

> 私は神に感謝する……。
> テモテへの第二の手紙1章3節

何という特権か，あなたに感謝し，
なおかつ「私」を語れるということ。
私はあなたに感謝する。
感謝のうちに，わが神，あなたはおられる，いつまでも，
そして私はあなたの所有(もの)であり続ける，いつまでも。
感謝とはいずれも，あなたに向かって進む絶えざる歩み。
あなたがいつか，総ての内なる総てとなられるとき，
総てのものは感謝となる——内にも外にも——感謝となる。

パウロが「私はあなたに感謝する」と言うとき，
パウロはあなたとともなる一つの物語を持っている。
私はあなたとともなる物語を持ち，それは
さらに先に進むので，使徒とともに言う，
私はあなたに感謝すると。
そしてあなたは私にそれが何のためかを告げてくださる。

神は，彼の無数の恩顧を通して絶えず繰り返し，喜びと感謝の新しい根拠を与えてくださる。
エペソ人への手紙5章20節へのカルヴァンの言葉

認識の途

　　　私は神に感謝する……。
　　　　　　　　　　テモテへの第二の手紙1章3節

感謝のうちに我らはあなたを知る。
感謝のうちに我らはあなたの新しい世界を見いだす。
我らの感謝が止んではならない，
あなたが我らに良くしてくださることを止めないのだから。

あなたが秘義に留まるので
あなたの良きわざの総てに我らの知識は及びえず，
我らの感謝はいわば外つ国の言葉のよう。
我らの喜びは恥と裸を免れない。
我らは精一杯誇張しなければ
ことの正鵠を射ることができない。

それゆえ我らのぼろを着た讃美を受けてください，
我らがあなたの義を身に纏うそのときまでは。

彼が我々に注ぐ恵みのわざはまことに大きく，溢れんばかりに豊かであり，我々が周囲に見る奇跡はまことに多様にして力強い。それゆえ我々は，讃美し感謝する根拠また契機に事欠くことが決してないのである。
　　　　　　カルヴァン『キリスト教綱要』第3篇20章28節

諸世代の間をつなぐ感謝

私の父祖たちのときより私の仕える神に……。
テモテへの第一の手紙 1 章 3 節

あなたは我らにあなたの命を贈る
我らが子どもとなって両親への祝福となり
両親となって
子どもへの祝福となった，そんな仕方でも。
あなたの命は世代を越えて続く。

あなたの御手は我らを支える
すでに昔の先祖(おや)たちを支えてきたように
子孫(こども)たちを支え，その後も支え続けるように。

あなたは今も，いつまでも誠実であられ，
今も，いつまでも我らの命であられる。

神は我々に手を差し伸べ，我々が残念に思うものごとを，世界から取り除いてくださる。
ピレモンへの手紙 15 節へのカルヴァンの言葉

良心

　　　　……清き良心をもって……。
　　　　　　　　　テモテへの第二の手紙1章3節

あなたについて，私について
知ること

それが私の良心。

あなたは私に良くしてくださる
あなたの護りの中

それも私の良心。

私がキリストの僕であるからには
私には，全世界の喝采に増して
私の良心の証言のみが，常により価値あるものなのです。
　　　　　　1545年1月21日のシャポノウの攻撃に対して
　　　　　　　　ヌシャテルの牧師へのカルヴァンの書簡

新しいものへの途上で

　　　　　……清き良心をもって，私の父祖たちのときより私の仕
　　　　　える神に……。
　　　　　　　　　　　　　　　テモテへの第二の手紙1章3節

あなたは我らの思考をも純化され
我らの内に純粋な良心を造られる，
天と地が新たになるために。

あなたは我らをあなたの奇跡に与る者とされる。
あなたの御力は止むことなく，
我らに，また我らを介して働く。

我らが忍耐を失い，疲れて弱気になるとき
あなたはまったく疲れを知らず，
弱気な者への信頼をさらに尽くされる。

そこで我らはあなたを失望させてはならず，
また，我らのささやかなわざを
ささやかと考えてはならない。

キリストが朽ちない命へと目覚めさせられたように，あなたたちもまた
神の恵みによって，新しい命の内へと産み出された。あなた方はいまや
この命を聖と義へと向けてゆかねばならない。なぜなら，あなた方を新
たにした聖霊の力はとこしえであり，衰えを知らないからである。
　　　　　　　　ローマ人への手紙6章11節へのカルヴァンの言葉

第4部 祈り──感謝すること

特別な課題

> 昼も夜も絶えず私の祈りの内にあなたのことを思うたびに……。
>
> テモテへの第二の手紙1章3節

あなたの霊が働くとき,聖き神よ,
心と口は祈る。
あなたはまた私の心と口を目覚めさせ,動かし
私は,あなたに向けて,あなたの意志の秘義に向けて
目覚めさせられ,動かされる。
私は,あなたが私に誰を示すのか,探さずともよい,
もっぱら待つだけ,ひたすら静かに待つこと。

あなたを仰ぐこと,
たとえあなたが見えないままであっても,
あなたに聴くこと,
たとえあなたが黙っておられても。

我らは対話の中に留まり続ける。

そこで彼〔パウロ〕の根気の強さは,祈りにおいて示される。だがそこで,彼が自身について語るのは,キリストが彼の者たち総てに勧めたこととなんら別なることではない。

カルヴァン

止まぬ感謝

　　　……絶えず……。
　　　　　　　　　テモテへの第二の手紙1章3節

あなたは止むことなく我らのために配慮をされる。
我らもまたどうして止めるでしょう，あなたへの感謝を。
あなたへの感謝は，またその人たちのため，
我らのために配慮してくれるその人たちのため。
あなたは，彼らを私に贈ってくださった，
彼らの賜物とともに。

もちろん彼は，そもそもテモテのことを，彼が身につけている素晴らしい賜物を思い浮かべることなく，考えることはできなかった。それは充分感謝するに値することであった。信仰深い人たちにとって，神の賜物のことを想うのは常に快く，喜ばしいことであるから……彼の祈りには神の賜物への感謝が欠けることがなかったので，彼は絶えずテモテのことを思い出すのである。

　　　　　　　　　　　　　　　　　　　　　カルヴァン

絶えず

> 私は絶えず神に感謝する。
> テモテへの第二の手紙 1 章 3 節

「絶えず」，それは私を不安にする，
「止むことなく」，それは憧れを目覚めさせる。

不安は，私の移り気の性格ゆえ，
憧れは，あなた，
父，御子，
聖霊との尽きることのない結びつきに向かう。

あなたの霊は使徒を祈りへと導かれた。
彼は我らを今日も率いてくれる
——続けていつまでも。

パウロが心からの真剣な祈りを勧めるとき，彼はそれで我々に変わることのない喜びの根拠を示唆している。
テサロニケ人への第一の手紙 5 章 17 節へのカルヴァンの言葉

母親たちのための感謝
—— ますます母親たちのために

　　私はあなたの内なる純粋な信仰を想い起こします。それはまずあなたの祖母ロイスの内に，またあなたの母エウニケの内に宿ったのですが，あなたのうちにも宿っていると私は確信しています。
　　　　　　　　　　　　　テモテへの第二の手紙1章5節

命を贈ってくれる神秘に感謝——
母たち，昔のほとんど名も知らぬような母たちの信仰。

それについてほとんど何も知らぬが，あなたに感謝するには，
　それで充分。
曾祖母の一人はおそらくゲレルトの歌を総てそらで覚えていた
　という。
彼女はいつも私の誇りだった。

クリスティアン・フュルヒテゴット・ゲレルト——近代の啓蒙
　主義者——は
「祈り女」という喜劇を書いたという。
私は彼の歌，今も讃美歌集に載っている歌を読んで，驚いた。
私の信仰がそれらの歌から私に向かって響き出してきた。

茨の冠を戴いたあなたの肖像を，母は寝室に掛けてくれた。
「こうするのは，おまえのためよ。おまえは私に何をしてくれ

るの」。

彼女は，私がギムナジウムに行けるようにと辛い仕事をし，
学校と下宿は入念に選び出された。
私は信仰を失ってはならなかった。

父が死んだとき，彼女は私に老いる技芸(こつ)を教えてくれ，
教父の書を読み，ロシアの聖人たちを好んで読んだ——
素朴な一人の女性にして，また多彩な生涯，
彼女の信仰が私を豊かにしてくれた。

信仰はいつも働いている。信仰から力が，力から行為が生い育つがゆえに。

コルフハウス，前掲書，71頁

新しいもののための炎

　　　　私が手を掲げてあなたの内に備えた神の賜物……。
　　　　　　　　　　　　テモテへの第二の手紙1章6節

聖なる神よ，
我らは，我らが自覚するより，もっと多くを自己の内に持ち，
あなたについての或る何かが，
言葉や身ぶりのうちに与えられている。

あなたの使徒は我らに思い起こす
あなたについて意識していないそのことを，
そして我らは感謝する
我らがそれを見いだして——掻き立てることを。

聖書は教える，御言葉に仕える者たちは人々を新たに生まれさせ，人々の心を神に回心させ，罪を赦したと。
　　　　　　　　　　　ブリンガーへのカルヴァンの書簡
　　　　　　　　　　　　　1547年2月25日付

ダイナミズム

> なぜなら神が我らに与えられたのは、恐れの霊ではなく、
> 力と愛と鍛錬の霊であるからです。
> 　　　　　　　　　　　テモテへの第二の手紙1章7節

我らが呼ぶ前に、あなたが呼んでくださった。
我らがあなたのために立つ前に、あなたが私のためにおられた。
我らがあなたに何かを与えうる前に、あなたが我らに与え、
あなたご自身を贈られた、
我らがあなたの内に強くなるようにと。

そして我らは感謝しつつ、あなたに贈られるものを受ける。
讃えつつ我らは、あなたに与えられるものが何かを知る、
あなたが教え育ててくださる、その恩愛を。

神は彼に仕える者を〈力の霊〉によって治めるが、これは〈恐れ〉とはまさに正反対のものである。それゆえに無為に寝転んでいてはならず、信頼と気力をもって行動し、この霊の力を全世界に証明せねばならない。
　　　　　　　　　　　　　　　　　　　　カルヴァン

受苦を越えて

　　　神の力に従い，福音のため私とともに苦しみを忍びなさい。
　　　　　　　　　　　テモテへの第二の手紙1章8節

あなたの死に，私は
ふだん見ることのないものを見る。
私がふだん見るものは，もはや
あなたの死の中に見ることがない。

あなたは嘲られたが，
それは我らに栄誉を与えるため。
渇かれたが，それは我らに飲ませるため。
亡くなられたが，それは我らの
持たぬものを我らに与えるため。
また我らをあなたの力の場へと引き出されたが，
それはあなたのために苦しみを受ける
勇気を授けるため。
我らはあなたの諸力を待つ，
またあなたの賜物を待ち望む。

彼の力によって，我々は勝ちを収める。
　　　　　　　　　　　　　　　　　カルヴァン

第4部 祈り――感謝すること

復活

　……また，福音によって命と不死を明らかにされた……。
　　　　　　　　　　　　　　　　テモテへの第二の手紙1章10節

　あなたは永遠の目覚めへと復活された，
　それは我らが目覚めるため
　あなたの真理の内へ，
　あなたの讃美に向かって。

彼，パウロのように，我々はその讃美を神の御手の内に置かねばならず，何物も虚しい人間の愛顧から始めてはならないのである。
　　　　　　　　　　コリント人への第一の手紙4章5節へのカルヴァンの言葉

現前する助け

　　　託されたこの貴重な富を，我らの内に宿る聖霊によって
　　　護りなさい。
　　　　　　　　　　　　テモテへの第二の手紙1章14節

あなたの光は
私の眼を照らす。
私はあなたに対する私の罪を見る，
あなたが頭(こうべ)を垂れたそのとき。
隣人に対して何か私を苛立たせ，
何か気に障ることを，
私はあなたに対して認める，
わたしは渇くと，あなたが言われたそのとき。

教会に対して何か私の傷むことを，
私はあなたの内に見る，
釘に掛けられたあなたの内に。
何かイスラエルに対して，
またムスリムたちに対して私の傷むことを，
私はあなたの内に見る，
墓を空に残されたあなたの内に。

それゆえ霊が我々の内に住むときとは，彼の助けが信仰者たちに臨んで，
彼らがそれを退けないその時のことである。

　　　　　　　　　　　　　　　　　　　　　カルヴァン

背信に抗して望む

　　あなたも知っているように，アジア州にいる者たちはみな私に背を向けました。その中にはフィゲロとヘルモゲネスがいます。
　　　　　　　　　　　　テモテへの第二の手紙1章15節

晩秋に果実が
樹を離れ，枯れた草地に
落ちて
意識なくそこに横たわるように，

アジア州のみならず多くの者たちが
連絡を断って
使徒や預言者の霊から
墜ちた。

　　我らは，地に横たわる，
　　総ての者たちのために望む，
　　あなたが彼らをその意識喪失から
　　立ち上がらせてくださるように。

　　彼らが再び使徒や預言者たちとの
　　結びつきを回復し，
　　あなたの天の御国のために
　　実をもたらすように。

十字架に挙げられたイエスは，総ての者を己がもとへ集め，彼らを地上から天へと高められる……十字架は，イエスが総ての者を引き連れて，父のもとへもたらさんとする天の乗り物である。

　総ての者，そこには，良き羊飼いに属する神の子らとして，ユダヤ人も異邦人も含まれると，解される。
　　　　　　　　ヨハネによる福音書12章32節へのカルヴァンの言葉

上からの力

> それゆえ,わが息子よ,キリスト・イエスの内にある恵みによって強くありなさい。
> テモテへの第二の手紙 2 章 1 節

主イエス・キリストは
墓の中に留まらなかった
御父があなたを復活させたとき。

テモテもまた横たわったままで居なかった,
パウロが彼を「息子」と呼んだとき。

私もまた強くあらねばならぬ。
ゆえに,私に足らぬものをあなたに申します。
あなたは私を横たわったままにされない。

たとえ私が歩けなくとも,
私はそこに参ります,
あなたの命じられるところへ。

1557 年 9 月 4 日にパリで逮捕された,およそ 200 人の女性たちに対するカルヴァンの手紙。「なぜなら我々が地にあって,神の恵みの光を受けたのは,我々が生きているときも死ぬときも神に栄光を帰し,いつか神と全く一つにされるためです」(1557 年 9 月 16 日)。—— 3 週間後,この女性集会を指導した三人の女性は火刑に処せられた (1557 年 10 月 7 日)。

また,「敵対するフランスの人々が稲妻のように脅迫の布告を投げかけ,迫害すべく怒りに荒れ狂ってはいても,至るところで我々の側の力と喜びは増し加わっています」(1558年3月14日)。

ある病人の祈り

> キリスト・イエスの良い兵士として（私と）ともに苦しみを忍びなさい。
>
> テモテへの第二の手紙2章3節

戦いへと鼓舞される者たちは，
平和の内へと死んで逝く。
苦難へと鼓舞される者たちは，
喜びの内へと死んで逝く。

おお　あなたとともに苦しみを受け，
あなたのために死んだ，
その者たちの秘密よ。

彼らは今日なおあなたのために生き，
今日また私のために生きる。

　　いかに彼らが生きているか，私は知らない。
　　彼らが生きていることが，私の痛みを和らげ，

　　この痛みを，――誰が知ろう，道の長さを――
　　平和と喜びの内へと導いてゆく。

　　いつか私も起き上がる
　　あなたに栄誉を帰すために。

コリニー提督の弟フランソワ・シャティヨン・ダンドロは，王の臨席する場でプロテスタント信仰を告白し，獄に繋がれていた。カルヴァンは1558年5月，彼にこう書き送っている。「神はいわばご自身の手であなたを前へ押し出して，これまで真理に対して全く閉ざされていた場所で，真理の証人とされた。……最初の攻撃の際に，神はあなたに不抜の勇気を与えられたが，あなたはこれにより，確固として揺るがぬよういっそうの義務を負わされた。……あなたが仕える主は，あなたが最後までこの抵抗を貫くに値する方で，世の何物に代えられても背くことはありえない。以前あなたは幾度も，あなたの世俗の領主たちのために命を賭してきたし，今もこと急を要する時には，負う義務に従ってこれを果たす覚悟である。それゆえ，御父により総ての力を与えられている，天地の至上の王への敬意は，いっそう勝るものとされねばなりません」。

復活祭

　　　　……彼は死者たちのもとより甦られた。
　　　　　　　　　テモテへの第二の手紙 2 章 8 節

いずれの日曜も復活の日，
また，いずれの朝も復活の朝，
石は取りのけられている。

あなたを思うとき，
私はあなたを
しかと身に抱く。

おお　至福の秘義よ。
記憶のうちに抱く
イエス・キリストを。

かれは，
開く
自由への扉を。

自由はその生の座を良心の内に持ち，これはただ神とのみ関わっている。
　　　　　　ガラテヤ人への手紙 5 章 13 節へのカルヴァンの言葉

異なる別の命

　　　……しかし神の言葉は繋がれてはいない。
　　　　　　　　　　　テモテへの第二の手紙 2 章 9 節

鎖に繋がれてもあなたの使徒は自由な君主であり続ける。
我らはしかし，社会の紳士淑女たち同様
縛られ，繋がれている。

さまざまな虜囚の立場からあなたは我らを解放する。
我らがあなたのため，またあなたの言葉のために自由となるよ
　うに。
あなたは，我らが自分の影を飛び越えることを教え
別なものに成り変わるよう，勇気づける。

自由にしてください，そのように。

これこそは，キリストの血の証人に相応しい，屈することのない勇気の
　一例である。
　　　　　　　　　　　　　　　　　　　　　　　カルヴァン

上に向かって

> これは確かに真実です。我らがともに死んだのであれば、我らはともに生きるようになる。我らが堪え忍んでいるのなら、我らはともに治めるようになる。我らが否むのであれば、彼もまた我らを否まれる。しかし、我らが不実であるとしても、彼は誠実であり続ける。彼が自らを否むことはありえないからです。
>
> テモテへの第二の手紙 2 章 11-13 節

グリンデルヴァントの尾根で、パラグライディングの客は
パラグライダーの操縦者に信頼を置いてよい、
彼とともに確実に谷まで滑空する。

しかし、
主キリスト、あなたが、深き淵に暮らす我らを、
御翼の陰に匿うとき、あなたは谷へ滑り行きはしない。
あなたは我らを高みへと引き上げる。

しかし、
あなたが高められたとき、あなたは十字架に掛けられた。
あなたが我らを高めるとき、それは痛み無しとはいかない。

しかし、
ある高みまで、あなたは我らに注ぐ──勇気ある心を、
おかげで苦しみにも堪えることができる──感謝しつつ。

傷みも責め苦も，恥も死も，我々を怖がらせることがない。それらに我々はキリストとともに繋がれており，とりわけそれらは皆，勝利の予習なのだから。自らの例を挙げてパウロは，総ての信徒に対して，キリストの名の下に勇気を奮い起こし，すすんで重荷を負うように促す。彼らはそこで実際すでに，将来の栄光の前味を得ているのだからと……。

　我々は彼とともに苦しみを負う，そうして我々は彼の栄光にともに与るものとされるのである。

カルヴァン

受難金曜日

　　　　……ともに生きる……。
　　　　　　　　　テモテへの第二の手紙 2 章 11 節

　二人の罪人の間であなたは亡くなられ，
　総ての不潔な手と不純な心を
　あなたの死の中へともに担いゆかれた──
　私の手や私の心も一緒に。

　あなたの霊は気高く死ぬ術(すべ)を教える，
　死をありきたりの日常とつきあわす術を。
　私もそれを学ぼう。

我々がキリストの命と栄光に与るのは，専ら
我々が，まず彼とともに死に，卑くせられた時のみである。
　　　　　　　　　　　　　　　　　　　　　カルヴァン

四つのこと

> むしろ，清き心で主の名を呼ぶ総ての者たちとともに，
> 義と信仰と愛と平和を追い求めなさい。
> 　　　　　　　　　　　テモテへの第二の手紙 2 章 22 節

三つにして一つにいます方
あなたのみが与えてくださる
四つのものを
求めゆく途上にあって，

私は，見(ま)えることのない
総ての者とともに参ります，
やはり，いまは見(ま)えることのない
あなたのもとへ。

執り成してくれる人々に伴われ，
代わって感謝してくれる人々に支えられて，
私はすでに
四重に恵まれている，
四重に。

私は，十字架について，キリストの恵みと永遠の命の希望について，言葉少なく簡明に語ったが（長々と語って彼を疲れさせるつもりはなかったので），そのとき彼は相応しい仕方でこれに応え，福音を神からのものとして受け入れた。キリストの礼拝が，その言葉において，信仰者の魂

を強めるいかなる力を有するか,彼が理解したからだった。その後彼は,言葉における礼拝について,またその全き価値について素晴らしい仕方で語って,我々二人(カルヴァンと〔ピエール・〕ヴィレ)を驚嘆させた。

彼はこう証言した。彼自身が(我々の教会と)この一致において固く結ばれたことにまして,彼にとって,その決死の戦いにおけるより良き,またより確かなる慰めはないと。すなわち彼は,直前に我々の同志たちを呼び寄せて,彼らと宥和を果たしていたのだった……。

地方行政長官ポラルの死(1542 年 6 月 16 日)についての
カルヴァンの言葉

幸いなる不穏

　　　……彼らは神を恐れることをその姿では装いながら，その力を否定する。
　　　　　　　　　　　　　　テモテへの第二の手紙3章5節

信仰においてあなたは我らを前方に抛ち（なげう）
幸いなる不穏を心に与える。
あなたがその有るべき姿，
総ての内なる総てにいまさぬ限り，
平穏にあったとて，どうして我らが至福たりえようか。

人間たちが至福の外に留まり
あなたがいかなる方かを見ぬ限り，
平穏にあったとて，どうして我らが至福たりえようか。

そしてどうして我らが——あなたに向かって
あなたの栄えあるさまに向かって——
至福から外れることがあろうか？

パウロによると，信ずる者たちはすでにいま信仰において，終末の日にようやく白日の下にさらされるものを視なければならない。世は神を軽視し，あるいはその尊厳に適った対応をいずれにせよ示さないが，神はすでにいま栄えある方とされねばならない。
　　　　　　　　　テトスへの手紙2章13節へのカルヴァンの言葉

弟子に留まり続ける

> しかしあなたは付き従いました。私の教え，私の活動ぶり，私の意図，私の信仰，私の寛容，私の愛，私の忍耐，私の迫害，私の受難に。
>
> テモテへの第二の手紙 3 章 10-11 節

老いることを恵みとするのは，
師への感謝が増すこと。
すでに黙してはいても，彼らは
おまえが感謝するほかはない
そのところまで導いてくれており，
そしてずっとこののちも変わらず，おまえにとって
――師であり続ける。

ここには，良き師の生きた姿が我々に描き出されている。彼らは，その弟子たちを言葉だけの教示で育て上げるのではなく，彼らに対していわば心を開くことによって，深い真摯をもって教えるその姿を彼らの心の眼に留めるのである。それがおそらく，「私の意図」という表現が言わんとするところである。

カルヴァン

けれども耐え抜きなさい！

キリスト・イエスにあって神を恐れて生きようとする者はみな，迫害を忍ばねばなりません。
テモテへの第二の手紙3章12節

自分ではまず何もせぬこと，すなわち
何も考えず満ちた皿の前に座すことは，
幾百万人の飢えを除くことができない，
——たとえそれが，発展途上国のものの
　　低価格を勘定に入れていないからといっても。

何も考えぬこと——それは残忍な迫害者。

私は意気消沈して一週間を暮らす，
円の求積法のように解決不可の問題が苦しめる，

　　世界の困窮と
　　私の満ちた皿と。

分かち，感謝すること
感謝し，分かつこと！

自分の弱さとのあらゆる闘いのさなかに不安が極まるとき，信仰へと逃れ場を求める者は，すでにある程度勝利を収めている。
カルヴァン『キリスト教綱要』第3篇2章17節

幸福

> しかしあなたは、あなたが学んだこと、あなたに託されたことに留まりなさい。実際あなたは誰から学んだかを知っているのですから。また、あなたは子どものときから聖書を知っており、聖書はあなたをキリスト・イエスへの信仰によって至福へと導くことができるのですから。
> テモテへの第二の手紙 3 章 14-15 節

私の師となった方々のゆえにあなたに感謝します。
彼らは教えてくれた、
　　あなたの聖なる書に敬意を払うことを。
彼らは、農家の僕から、靴職人、そして
偉大な神学者に至るまで、私の時代のさまざまな人たち。
私は幸福でした――今日の日に至るまで、
　　聖書とともにあった幸福。
それは、開かれている書――ひとつの天空、
私が、扉を叩くとき、それは
閉ざされたままではなかった。
私は幸福です
　　――予想もしなかった幸福。

1959 年 5 月 26 日付、フランス宮廷滞在のロングヴィル公レオノール宛。「長い手紙で煩わせるのではないかと恐れますので、あなたにただこうお願いします。日々聖書をお読みください。それはあなたをあらゆる良きことにおいて、あらゆる徳において立て上げることができます。

そうして，あなたの生涯は模範となり，無知で貧しくとも，改める見込みのある多くの人々を動かして連れ出し，また反対に，神の真理に心を閉ざした敵たちの口を塞ぐことでしょう」。

カルヴァン

第 4 部　祈り——感謝すること

聖書の春

　　　……また，あなたは子どものときから聖書を知っており，
　　　聖書はあなたを……至福へと導くことができるのですか
　　　ら。
　　　　　　　　　　　　　テモテへの第二の手紙 3 章 15 節

愚かだが労すること，
それはまだとても幸福とは言えない。
むしろ，至福に至るべく賢くなること，
そこでは，聖書が春の果樹園となり
文字が花開き始め，
胸中の愚かなことも堅固なものに変えられる。

私があなたを喜ぶのではなく，
あなたが私を喜ばれる，
そのことが私を賢くする。

彼に対して我々は願わねばなりません。彼が我々を高め，我々の弱さを担い，我々が彼の御心に従って苦しむときには，我々の心を強めて堅固にしてくださるようにと。献身と恭順の限りを尽くして彼の御心を見いだす，その境地に我々が至る，そのことこそ，我々の人生の主要なことです。それこそが，彼が我々を喜ばれることなのです……。
　　　　　　　　　　拘禁された将官の妻へのカルヴァンの書簡
　　　　　　　　　　コリニーにて，1559 年 2 月 27 日付

聖書の真理

　　　この書は総て，神に霊を吹き込まれており，有益です
　　　……。
　　　　　　　　　　　　　テモテへの第二の手紙 3 章 16 節

聖書の真理を証明する重荷をあなたは我らから除かれ，
我らの綿くずほどの忍耐に満足される，
ものごとをなかなか理解しない
我らの生まれついた思慮のなさにも忍耐されるあなたは。

　　あなたはご自身の霊において，自ら批判を容れるものとな
　　　られ，
　　ご自身を，口承のものへと卑くされ
　　記されたものの定めへと委ねられた。

幾世紀を通してあなたは自らを実証され，
自らを著者として，また読み聞かせる者として実証された。
どうして我らがそこでその易き途を採らないことがあろう，

　　　いささかの忍耐，また修練，我らが理解するまで。

聖書から何かを得ようとする者は，何にもまして次のことに堅く立たねばならない。律法と預言者においては，人間の恣意から引き出された教えではなく，聖霊によって吹き込まれた教えと関わっているということに。どこからそれを知れるのか，と問う者があるならば，私はこう答え

る。神は，弟子や師に対して，まさしくその同じ霊を通して，ご自身が聖書の原著者であることを実証されていると。

カルヴァン

葡萄山を通る歩み

御言葉を説き明かしなさい……。
テモテへの第二の手紙4章2節

あなたは言葉。
私たちはお喋り。

葡萄山を通ってゆくとき,
私が出会うのは,老夫婦や,
煙草を咥え,犬をつれた若い女,
ローバーを停車させている葡萄園の持ち主。

私たちは親しく話す,それは楽しい。

しかし,あなたは常に言葉で
私たちは常にお喋り。

葡萄山を通ってゆくとき,私が出会う人々,
彼らには,私と等しく,ただ一つのことが必要——再び生まれることが,
有るものが過ぎ去り,無いものが有るようになることが。

あなたは言葉
そしてまた,葡萄山の人々の
お喋りをも新しくされる。

第4部 祈り――感謝すること

神は，圧倒的な力で彼（パウロ）を取り扱ったので，自分に何が生じたのか，彼自身が把握できなかった。それはまた信じがたいことではない。今日なお神は時としてご自身をそのような仕方で示されるので，彼の啓示の様が我々の感受の枠から外れてしまうことがある。しかしながら，そのことは決して信仰の確実さを減じるものではない。なぜならそれは，神が我々と語られる，その確実さに基づいているからである。

　　　　　　コリント人への第二の手紙12章2節へのカルヴァンの言葉

誘惑者としての友人たち

　　　……すすんで苦しみを忍びなさい……。
　　　　　　　　　　　テモテへの第二の手紙4章5節

　我らは悪をこの世から拭い去ってしまう必要はなく，
　悪からの救いをこそ願わねばならない。
　我らは悪の清掃人に定められてはいない。
　悪を堪え忍ぶことは悪を罰するに勝って難しい。
　我らは悪を裁く死刑執行人ではない。
　担うことは拭い去ることよりも難しい。

　究極の救いをおまえは自分のものとして取っておく。

あなたはおそらく既に経験していると推察しますが，我々にとって最も困難で重大な闘いは，友達の振りをして我々に近づき，我々に譲歩を求め，また麗しい口実と誘惑の手段に事欠かぬ人々からもたらされます。それゆえに使徒の教えにいっそう従い，これを仰ぐことが大切で，これによってあなたはあらゆる詔いや威嚇に抗して堅く立つ者となるのです。——ヘブル人への手紙11章26節は，神を仰ぐ点で，モーセがいかに厳格な者となったかを示しています。ですから，あなたはあなたの感覚を高く引き上げ，サタンのあらゆる囁きに対して耳を塞ぐことを学びなさい。その囁きは，信に値するところからあなたを揺るがせて，あなたの魂の救いを破壊しようとしているのです。
　　　コリニー提督の弟，フランソワ・シャティヨン・ダンドレへの
　　　　　　　カルヴァンの書簡（若干短縮した）
　　　　　　　　　　1558年5月付

殉教者

なぜなら私はすでに犠牲に捧げられ，私の別れの時が目
前に迫っているからです。
テモテへの第二の手紙4章6節

あなたの聖なる殉教者を，あなたは我らの眼前に示される，
我らが，自らの無気力から立ち上がり
我らの死があなたにとって聖なるものとなるために。

生身を焼く火刑に処すとの残忍な判決が下されたとき，彼は跪いて，永遠の真理を護るべく死ぬという栄誉に値する者としてくださったことを，神に感謝しました。4時間の間，彼は朗かな顔で死を待ち受けたのです……。

我々もまたあらゆる瞬間に，新たな恐怖に脅かされます。ああ，しかし我々はこうしたことから地上の人間の生とは何かを知るのです。殊に私は，相変わらずまだ自分の無気力から充分には揺り起こされてはいないのだと！

アナ・ドゥ・ブールの殉教死について
アンブロジウス・ブラウアーへのカルヴァンの書簡
1560年2月初旬付

回顧

　　　　　　私は良い戦いを闘いました。
　　　　　　　　　　　テモテへの第二の手紙 4 章 7 節

　　イエスよ，
　　あなたは良い戦いを闘われた
　　そして数時間のあいだ敗北に甘んじられた，
　　それは我らがその戦いに勝ち——永遠に至るため。

　　あなたの敗戦は
　　我らの勝利でもあった，
　　あなたの敗戦においてすでに
　　我らはゴールに達している——
　　あなたの使徒と同じように。

主が我々のもとにおられ，黙した我々のために闘われるとき，「我々もまた彼の強さのゆえに勇敢にことを行う」（詩 60:14）……我々がただ主の力によってのみ屈せず，何かを為し得るということだけで，我々には充分である。
　　　　　　　　　カルヴァン『キリスト教綱要』第 3 篇 20 章 46 節

第4部　祈り——感謝すること

ゴールで

　　　　　……私は走路を走り終えました……。
　　　　　　　　　　　　テモテへの第二の手紙4章7節

私は走路を走り終えた
でも相変わらず途中にいる，
今日，この所に，
でもすでにいる，
あなたのおられるところに。
主イエスよ，
あなたとともに途中に。

喜びをもって自分の死を，そして終わりの復活を待つことなくして，誰もキリストの学び舎において正しい進捗を遂げてはいない。だが我々は，堅く立つ者としてこの事実を見つめることとしよう。
　　　　　　　　　カルヴァン『キリスト教綱要』第3篇9章5節

ことの核心

　　　　私は誠実を保ちました。
　　　　　　　　　テモテへの第二の手紙4章7節

たとえ私がよろめき
倒れたにせよ,
私は立ち上がったのだ,
あなたに従って。

純粋な福音を絶えず告げ知らせることにまして,主に対する誠実を証するより良き術(すべ)をパウロはきっと知らなかった。
　　　　　　　　　　　　　　　カルヴァン

あなたへ向かって

> この後私には義の冠が備えられています。それは私に、主が義しい審き主として、かの日に与えてくださるのです。
>
> テモテへの第二の手紙4章8節

時至り、
我らはあなたに向いて生き、
あなたは、間違った者たちを
正しき者に変える。

時至り、
我らはあなたへ向かって生き、
あなたは来る
正しき者たちに報いるために。

時至り、
我らはあなたへ向かって生き、
あなたは我らを
あなたの高みへ引き上げる。

時至り、
我らはあなたへ向かって生き、
思い描けぬ仕方であなたは来て
我らの喜びとなる。

パウロは，自分の受ける報いが確かであると断言する。彼の確信は，彼がその目を復活の日へ向けることから来るのである。我々もまたそうせねばならない。

カルヴァン

過分の報酬

> ……しかし，それは私一人だけにではなく，彼の現れを慕い求める者たち総てに備えられるものです。
> テモテへの第二の手紙4章8節

あなたの到来を待ち望まぬ誰がおりましょうか，
あなたの戴冠を待ち望まない誰が。
誰がなおマモンを愛して
あなたを愛さないということがあるでしょうか，
豊かさの作り手として来られる
あなたを。

生きた信仰のあるところ，それは，我らの心を磨り減らすことなく，終わりの復活への希望に向けて高めてくれる。

カルヴァン

夜の祈り

> しかし主は私をすべての悪しき業より救い出されるでしょう……。
> テモテへの第二の手紙 4 章 18 節

私が眠れても
あるいは眠れなくても,
あなたの恵みが
眠ることはありえない。

私が働いても,
あるいは,欲するままに
働けなくとも,
あなたの恵みは働く。

私の眠りが
ベッドでの短い時間でも
あるいは地の中での長い時間でも,
あなたはいつも目覚めている。

そして私を起こしてくださる,
あなたに向かって目覚めるように。

我々に神の恵みが絶えず注がれていることを,優れて実証してくれるもの。

カルヴァン

夜は永遠には続かない

　　　……そして私を助けて，彼の天の御国へと引き上げてく
　　　ださるでしょう。
　　　　　　　　　　　　　　テモテへの第二の手紙 4 章 18 節

あなたは私を生涯にわたって助け起こされた。
常にあなたは私にあなたの奇跡を贈られ
疲れた霊を強めてくださった。
あなたは私を倒れたまま放ってはおかなかった。

今もあなたは私を助け起こしてくださる，
私が老いを感じ
もはや欲することを
為しえぬこの時にも。

私が死ぬとき，私はあなたに顔を向けて死ぬ，
そして私に備えられた地の床に入っても，
あなたは私をそこに倒れたままで放ってはおかない。
あなたご自身がその中途で助け起こされたのだから，
死はもはや，「死ほど確かなもの」ではなくなった。

彼女の精神の力はまことに大きく，すでに世を越えた高みに立っているかに思われた。彼女がその魂を主に委ねたその日，我々の兄弟ブルゴワは 6 時頃，彼女に心のこもった言葉を語りかけた。そのとき彼女は，すでに彼女の心がこの世を越えて遙かな高みに昇っていることが誰にも

分かる一言を語った。「おお、栄えある復活よ。おお、アブラハムの神、我らが父祖の神よ、すでに幾世紀も前から信者たちは皆、あなたに希望を寄せてきましたが、失望を味わった者はおりません。私もあなたを待ち望みます」。それは、彼女が語るというより、途切れ途切れの言葉が彼女の口をついて出るというものであった。そして、それは他の誰かの言葉をなぞるようなものではなく、彼女の心を動かす思いのようであった……。

　　　1549年4月2日に亡くなった夫人イドレットの終焉についての
　　　　　　　　　　　　　　　　　　　　　　　　カルヴァンの言葉

すでに夜は白み始めている！

永遠(とこしえ)から永遠(とこしえ)に，彼に栄誉がありますように。
テモテへの第二の手紙 4 章 18 節

あなたは生を豊かにする，
我らの生を。
あなたは生を永遠にする，
私の生を。

夜，私は起きて，
あなたに感謝する。

夜は明るくなり
昼（終わりの日）が近づいている。

我々は希望を抱いているので，すでに我々の永遠の嗣業に至る門の内へ踏み入っている。我々の頭(かしら)にして，我々の救いの初穂なるキリストが天に受け入れられているので，そこに我々の場所が備えられていると，我々は知っている。

エゼキエル書 20 章 40-44 節についての最終講義から
カルヴァンの祈り（1564 年 2 月 2 日）

全権委任

　　　　主があなたの霊とともにおられるように。
　　　　　　　　　　　テモテへの第二の手紙 4 章 22 節

世界の主に席を指定することができるのは，
いったいどのような人間か。

するとすぐに上手くこう言う者がきっといる，
「主が君の霊とともにいまさんことを」──すると
　　　　　　　　　たちどころにいます，「彼」が！

あなたの秘義を私は敬い讃える。
あなたは人々を派遣され，
その人々に従われる，
彼らがあなたに従うがゆえに。

私はこの秘義を，把握しようと努めるというよりむしろ，肌で感じるのです。神の霊の力によって天の生命が地に流れ下るのを，私はただただ認めるばかりです……。それは，根から小枝へと樹液が流れていくのとかわりません。
　　　　　　ピエトロ・マルティレ・ヴェルミーリへのカルヴァンの書簡
　　　　　　　　　　　　　1555 年 5 月 8 日付

アーメン

　　アーメン。
　　　　　　　　　　　　テモテへの第二の手紙4章18節

あなたは我らをあなたに向けて引き上げ，
我らにあなたの充溢を贈り，
我らをあなたの肢体の内に組み入れる。

あなたは我らの願いを聞かれる。
我らは未だ充たされぬものに眼を向けない。
あなたの約束は常に我らの「未だない」に勝る。

　真にそのとおり，アーメン。

大切なのは肢体の一部になること，それは，天なる彼の栄光から流れ出て，我々の命に注がれてこれを働かせ，我々を彼とともなる一つの体に育て上げます。我々が，信仰において，福音に示されているキリストを受けるやいなや，我々はまことに彼の肢体となり，頭のてっぺんから（足の先に至るまで）生命が我らの内に流れ込んでくると，私ははっきりと申します。

　　　　　　　　　　　　ヴェルミーリへのカルヴァンの書簡
　　　　　　　　　　　　1555年8月8日付

祝福

恵みがあなたがたとともにあるように。
テモテへの第二の手紙 4 章 22 節

我らが自らを貧しく惨めに感じるとき
あなたは我らを豊かにされる

霊において障害ある者を
霊に富んだ者とされる。

祈るとは，
あなたにおいて豊かとなること！

豊かになるとは，
あなたの豊かさにおいて先へ往き，
豊かにする者となること。

……キリストが我々を霊の内なる働きによってご自身に結びつけ，ご自身の肢体に受け入れた後，彼は霊の第二の働きを明らかにされる。彼は，我々を霊の賜物において豊かな者とされるのである。
　……すると，義と恵みを求めることが我々の内に力強く生きるようになり，
　我々が熱心に祈りに向かうようになり，
　永遠の命への思いが我々を高く引き上げてくれるようになり，
　その命の流れるところには，この第二の交わりから私は語るのだが，

キリストが我々の内に無為に住まうのではなく，彼の霊の力がはっきりとした賜物として示される。

ヴェルミーリへのカルヴァンの書簡
1555 年 8 月 8 日付

第5部
魂への配慮者としてのカルヴァン

1509年7月10日ノワイヨンに生まれ，1564年5月27日ジュネーヴに死んだその人は，我々同時代人の記憶の片隅におぼろげな存在を留めているカルヴァンとはいささか異なっていた。

　「宗教改革者にして教会の独裁者」と，1909年版のマイヤー百科事典は記述している。〔ナチスの〕かの独裁者が政権を取得した3年後，シュテファン・ツヴァイクは「カルヴァンに対する城砦，すなわち暴力に対する良心」との書名を掲げた。これによってツヴァイクは，教養人たちにとってのカルヴァン像を彼の嘲笑者たちの間に刻みつける——悲劇的な書である。そこでツヴァイクは，この人文主義者の精神に対してのみならず，自身に対しても暴力を振るっている。

　フランク・イェーレは，カルヴァンに対する人口に膾炙した偏見，すなわち「生の喜び悉くへの敵対者」としてカルヴァンに烙印を押す偏見を数え上げたのち，「それらの決まり文句のほとんどは誤り」との帰結に至る（マティアス・クリーク，ファブリレ・ツァンカー＝デロング共著『改革派』〔Matthias Krieg und Fabrielle Zanker-Delong, Die Reformierten〕2002年，163頁）。

　彼の手紙を読むことに沈潜するとき，彼の人格の複雑さに対する驚嘆を禁じ得ない。カール・バルトは，彼の並々ならぬ姿やその力を言い表そうとして，表現主義の言葉に逃げ込むが，それは，カルヴァンという現象に真っ当に向き合うための，あるいは唯一相応しい言葉であろう。「カルヴァンとは，滝であり，原始林であり，ダイモンのように，ヒマラヤから直に下ってきたもの，全く中国語のような，不可思議な神話である。私には，この現象をただ受け取めるだけですら器官となる吸盤が欠けていて，いわんや正しく言い表

すことはとても適わない。私の内に注ぎ込むのは乏しい水の流れであり、また私が提示しうるのも、この僅かな水の注ぎを薄くなぞった輪郭にすぎない。ゆったりと座して、私の全く縁遠い生をひたすらカルヴァンとともに過ごせたら、と思わざるをえない」。一人「ゆったりと」過ごすことは、おそらく無理であろう。滝の下に座り続けることはできないし、原始林の中では、簡単に迷ってしまう。器官となる吸盤が欠けていても、バルトは1学期の間ずっとこの滝に取り組み、原始林の内に道を見いだそうと試みている。

　カルヴァンの主著、『キリスト教綱要』すなわち『綱要』（Institutio）〔指導・教示・指令・教育、著者のドイツ語では「キリスト教の授業」の訳をあてている〕を繙くと、すでに最初の文がヒマラヤから直に落ちてきて、たちまち心を深く摑み、掻き立てて、躓きの石のように人を顚倒させ、溝に落として、そこからなかなか這い上がれないようにする。「我々の智恵はすべて、それが智恵の名に値し、真として信頼を寄せうる限りは、本来そもそも二つのものを含んでいる。すなわち、神の認識と自己認識である」。

　バルトは、その1922年の「カルヴァン講義」において、このジュネーヴ人をツヴィングリやルターに引き比べて、完全な「宗教改革者にして完全なルネサンス人」であった一人の男と特徴づけた（同名書、90頁）。であれば、彼が生の喜び悉くへの敵対者であったと常套句のように説かれる事態は、ただ、彼が生きたその周囲の様子に目を遣らない時にのみ、生じるのである。「生の喜び悉くへの敵対者」という常套句は、イエスに倣って御跡を辿ることに対する評言として〔本来語られたものであったが、それ〕だけではなく、カルヴァンの生の周辺においてもはっきりとそのかたちが刻まれているのである。

　一人の学生がペストで亡くなったとき、彼はその父にこう書き送っている。「修士クロードとご子息ルイの死の報告を初めて耳にし

たとき,私は非常に驚いて心が沈みましたので,幾日も泣き暮らさずにはいられませんでした。神の臨在にいささか力を得て,我々の不幸の際に神が与えてくださる助けに頼って自らを慰めましたが,人々の前に立つときには,もはや自分自身ではないかのような気持ちになりました。本当に,私自身が半ば死んだかのようで,日頃の慣れた営みにも支障をきたす有様でした」(I, 123)。——来たる年の初頭にこの疫病が新たに発生することを心配して,彼はこう問いかける,「祈りと感涙をおいて我々が逃れ行く途が他にありましょうか」と (I, 141)。「祈りと感涙」とは?——魂への配慮者だけがそのように反応しうる。責任を負う者として,無力と勇気とを同時に覚えながら。——〔それゆえに彼は言う。〕「我々の対応はいつも緩慢にすぎます。だからこそなおのこと,我々は,自分たちの無感情のゆえに我々の審判者の怒りをますます引き起こすのではないかと,恐れねばならないのです」(同上箇所)。

　ペストに並ぶ憂いとして迫害弾圧があった。異端者として死刑の判決を受けたある金細工師に,彼はこう書き送っている。裁判の書記者は,好きなように書き記すがよい,しかしあなたの告白は,神と御使いたちの前で書き留められています,と (I, 398)。

　将来を知っている者は,一人の魂の将来をも確かなものにすることができる。自分のことのみにかかずらう者は,友のことを悲しむことができず,友のことを悲しめない者は,慰めることもできない。冷淡な同時代の人はここで頭を振るかもしれない。魂を配慮するための力には,共感すること,泣く者とともに泣くことも含まれる。認識を太らせ硬直させる一方で,愛を窒息させることは悪魔的である (Ⅰコリント 8:1)。そんなとき学問とは,まさしく魂への配慮に相反するものとなる。だが,否定的なものがイニシアチブを取ってはならない。『綱要』では,認識の後に恵みが続く。恵みについて二度にわたって語られる。カルヴァンがそのキリスト教の教示へと

導き入れようとするとき，まず第一に彼は，我々の欠点についてではなく，神が人間に贈るものについて語ろうとし，恵みを与えられた者〔としての人間〕が悪しざまに扱われることはない。人間が「自己自身を観察」しようとするとき，それはまず第一に，「自らの感性を〈そのうちに彼が生き存在しているところの〉(使徒17:28)神を見ることに向けることなくして」，為しうることではない。これが真理であることは，〔個々の事象の内に普遍を見いだすという意味で〕自然法則〔の真理〕に匹敵する。カルヴァンは，人間について〔述べようとして〕永遠なる方を見つめており，人間がそのうちに本性を持つ創造者にして維持者なるその方を抜きにして，抽象的なものの見方をすることはあり得ない。こうしてカルヴァンは，宗教的なことがらをいわば自然科学的に語ることができ，——これはまさしく〔バルトに言わせれば，言語系列の全く異なる〕「中国語」の響きに等しいのである。

初めに静止的に見えること，人間の根底を為すもの，我々がその本性を一体の神に有することは，出来事とならねばならず，実際出来事となる。すなわち，「そして第二に，実際この恵みが天から雨の雫のように我々のもとへと降り，それらは我々を小川のように水源へと導いていく」(I, 1)。これは超現実的な響きを持ち，霊的なドラマを包摂している。恵みは天与の雨のように降り来たり，水源へと導く。カルヴァンは我々を雨の中に立たせてはおかない。そこで，魂への配慮は〔いま〕恵まれた者たちを〔さらに先へ〕促すことへと転ずるが，恵みの贈与そのものはまず光に向くことを通してもたらされるのである。

私はかつて，テゼ姉妹団の家で中心キャンプの補助牧師をしていた。そこで，ある精神的に障害のある少女について耳にした。牧師は，その娘に堅信礼を受けさせることを拒んだというのだが，それは，その娘が

カテキズム（教理問答）を理解する能力を持たないためだった。一人の姉妹がその子を引き取り，彼女に教えたところ，〔恵みが〕雨の雫のようにその教育不可能な娘に降り下ったことが明らかになった。家に客人の誰もいないとき，その娘は姉妹とともに祈ったのだった。そこで明らかになったのは，この娘が訪問者の隠された悩みを感じ取る感覚を持っているということだった。その感覚は，普通に恵まれている者〔健常者〕が持っていないものだった。

これについて，ゲルハルト・マイヤーは，「我々は白紙の状態で生まれてくるのではないと，私は確信している」と述べている。恵みが雨の雫のように天から降る，そのときはすでに誕生以前に遡るのだ。──「鳥たちだけが，彼らの渡り飛行の道筋を〔本能的〕プログラムとして受け継いでいるのではない。我々にもまた，生来の霊的持参として，困窮時用の霊的蓄えが生の途上でともにすべく備えられており，この困窮時用の霊的蓄えの実質，その薫り，その精髄への郷愁を，我々はおそらく生涯に亘って持ち続けるのだ」（ゲルハルト・マイヤー／ヴェルナー・モルラン『生の暗き祭り──アムレの対話』[Gerhard Meier/Werner Morlang, Das dunkle Fest des Lebens, Amrainer Gespräche] 第4版，2007年，281頁以下）。

魂への配慮とは，備わっているこの困窮時用の蓄えを，使用可能な状態と為すもので，その結果，諸々の賜物が雨の雫のように降り下るのである。

宗教改革の時代はすでに，乾いた土地を緑に潤す特別な雨期であった。我々がそれを祝うとき，我々はその遺産を肯定し，〔逆に〕遺産は我々にとって約束となり，義務となる。それでカルヴァンは，1547年7月24日，同郷人にこう促している。「神があなたがたに託した富を増やしましょう。あなたたちの一人が別の誰かを，また，隔たりなくすべて貧しい弱者や知識浅い人を，あなたたちの良い生によって立て上げ〔教化し〕，また全く同じことが敵を辱める手段となることによって，その富を増やしましょう」。

カルヴァンはここで，かつて神の恵みの働きを告げ知らせた預言者たちの後継者として書き記している。「あなたたちがそれをするとき，あなたたちの上に神の手を感じることでしょう。神に私は願います。彼があなたたちに賦与された恵みの賜物を，あなたたちのうちに増やしてくださるように，またあなたたちを強めて真に不屈の人と為し，犬や狼どものただ中であなたたちを守り，いかなる途においてもあなたたちにおいてご自身の栄光を顕されるようにと」。フランス国内においてプロテスタント信徒は，迫害され弾圧された人たちであった。カルヴァンは，執り成し手として彼らの賜物を増す役割を負ったけれども，それだけではなく，自らもまた賜物の授与を必要とした。「同時に，私は心から自分をあなたたちの執り成しに委ねます」（I, 286-287）。謙った身ぶりにも備わる尊厳，それは決して余分なものではなく，魂への配慮者にとってその生に不可欠なものである。自らを教会の執り成しに委ねる者には，賜物が増し加わるのである。

彼の死後，ジュネーヴの市参事会書記はその議事録にこう書き記すことになる，「神は彼の個性に大いなる尊厳を刻みつけられた」と。カール・バルトはこれに次のように註釈を入れる。「尊敬と驚嘆の言葉は沢山あるが，これほど，それら総てに勝ってより深く，また力強く，同時に，より恐ろしいものを，私は他に知らない」（上掲書，162-163頁）。

市参事会書記は，察するところ，いわゆる平信徒だったのであろう。市参事会と聖職者たちとの間の密であるとともに，摩擦がない訳ではなかった関係において，そのような一文は経験されたことによって鍛えられたものである。その言葉には倍の重みがある。——神は魂への配慮者の個性に尊厳を刻まねばならないか。返答は，然り，である。そうしなければ，その者は滑稽な人物になってしまう。

〔スイスの劇作家〕フリードリヒ・デュレンマットは，牧師を父に持ち，息子にも牧師がいたが，〔演劇〕『メテオール』に全く尊厳を欠いた魂への配慮者を描いている。「あなたは世界に名の知れた作家で，私は現代文学に何の縁もないただの牧師です」。牧師エマヌエル・ルツは，なるほど「親切でほとんど愛らしいほどの顔立ち」だったが，「息を切らし」ていた。彼は，ノーベル賞作家〔シュヴィッター〕に千マルク紙幣数枚を渡すが，それは「路上生活者基金」や「イスラム教徒伝道」にはあてられず無駄遣いされる。その月並みな牧師の言葉は，ノーベル賞作家を専ら傷つけるばかりである。「地位も品位もありながら，彼にできるのは幾百万マルクの無駄遣いとは」。

賜物を正しく方向づけるべく魂への配慮を始めるとき，配慮者は（男女ともに）〔それなりの〕品位を得るが，これを創造者にして完成者なる方は，他ならぬ〔ご自身の〕尊厳によって刻印する。というのも，彼らが為すことは，威厳無き者に威厳を与える神の業に劣るものではないからである。かくして，カルヴァンは1557年2月25日，ブリンガーに宛ててこう書き送っている。「御言葉に仕える者は人々を再生へともたらし，回心させて心を神に向けさせ，罪を赦すと，聖書は教えている」。またしてもこれは，自然の法則のように読める。その法則を素朴に生きる生き方とは，生かす霊（ヨハネ6:63），すなわち死者を死に止めおかぬ霊に信頼することのうちにある。それゆえ，カール・バルトはその講義の冒頭，こう語ることができた。「カルヴァンは，我々の肢体の内へ電気のように奔り込むので，我々自身がカルヴァンのようになり，この上ない強迫のもとに立たされるが，それゆえに極めて自由に，天の市民となり，かつまた世界市民となって，待ちつつ，一方でまた急ぐ者とされる」と（上掲書，9頁）。その個性に「大いなる尊厳」を刻印された者は，死したままでいることはできないし，またそれを許されもしない。それゆえ彼は，我々の肢体の内へと電流のように奔り込むの

である。彼のもとにあってなお別な仕方で祈りを習おうとしてもうまくいかないだけだし，彼のもとで魂への配慮を学ぶ学舎に行く別な仕方はないのである。

　エドゥアルト・トゥルンアイゼンは，永眠した者たちを思い描きながら，「〈その方に対して〉彼らは皆生きている」（ルカ 20:38）と繰り返し強調した。これはとりわけ，宗教改革者たちにもあてはまる。彼らは，〈その方のために〉生きつつ，今日の我々のためにも生きている。しかし，我々が彼らの言葉を受け入れて，彼らに聴かない限り，彼らが我々を祝福することはない。彼らは，高く挙げられたその方のために生きつつ，我々をも高く挙げようとして，我々のために生きているのである。そこでは，もはや月並みな牧師は要らないし，再生へと導いてくれる魂への配慮者〔がいれば，それ〕で事足りる。これ以上高い位置に，御言葉の奉仕者を立てることはできない。彼は新しい地の，共同の創造者となる。そのようにして彼は，尊厳を分かたれたその姿を兄弟たちの心に焼き付けるのである。

　後に或る仕方で私の魂への配慮者となった牧師と出会ったとき，私は，デュレンマット作品中のエマヌエル・ルツには欠けていたある崇高なものに接するのを覚えた。ルネ・トライアーはインターラーケン近郊，グスタイクの牧師で，高地連隊の従軍牧師として高地一帯で非常に敬われていた。私の祖父が死んで，地区の牧師が支障あって来られなかったとき，ルネ・トライアーが〔代わりに〕やって来た。彼の語ったことを私は何も覚えていない。しかし，彼がやって来て，その言葉が私を捉えたその様を，私はいまだにまざまざと目の前に思い浮かべる。それは，私が80歳になっても忘れない出来事であった——慰めとなることである。権威の問題については，「教会には権威に対する不安が蔓延している」と言うマンフレート・ヨズッティスの言葉を参照のこと（『ペトロ——教会と忌まわしい権力』[Manfred Josuttis, Petrus, die Kirche und die verdammte

Macht］1993年，7頁）。

　魂への配慮者は，天の恵みが雨のように空から降り，またそれらが請い求められんとするところまで，人を導いてゆく。カルヴァンもまた魂への配慮者としてその講義の前に賜物の増し加えられることを祈り求めた。こうして彼は，その講義をいつも決まって次のような祈りで始めている。「主よ，神の智恵の奥義に携わることによって，我々の信仰が真に促進されて，神の誉れに至り，また我々の教化となりますように。アーメン」（ヴェルナー・ダーム『J. カルヴァン——エレミヤ書・エゼキエル書講義のための祈り』［Werner Dahm, J. Calvin, Gebete zu den Vorlesungen über Jeremia und Hesekiel］1934年，vi 頁からの引用）。導入の祈りに変化を付けることはなかったが，結びの祈りはその都度解釈されたテクストによってその形と内容が定められた。カルヴァンは，祈りが規則的な修練であることを我々に教え，聖書から祈るように導く。「こうして聖書の言葉の内容に結びつくことに，これらの祈りの特別な価値と模範性がある」（ダーム，同上）。

　カルヴァンの祈りの実践から，神学の教授過程に対する学問批判的な問いが生じてくる。なぜ我々の神学諸学部は，月並みな牧師をそれほど沢山作っておきながら，魂への配慮者をほとんど育てないのか。容赦なくこう問おう。解釈の研究において信仰生活のあり方が促進されることがないのは，どうしてか。過食症を患うような学問の傾向に影響されて，祈りが軽視されているからではないのか。
　『宗教改革者著作集成』（Corpus Reformatorum）のカルヴァンの著作の発行者たちは，カルヴァンの600ほどの祈りの内で僅かに14のみを印刷に値するものと見做した。ある脚注には次のように述べられている。「我々は今，祈りの掲載を省略することにする。それらは皆互いによく似ているので」（ダーム，v頁から引用）。ひょっとすると『宗教改革者著作

『集成』の発行者は，カルヴァンにおける魂への配慮に関しては，彼らの脚注を施す必要がないであろう，と考えたのかもしれない。

「カルヴァンは祈りの〈熱意・活気〉(alacritas) について語ることができた」。私の辞書で，〈alacritas〉の語義を調べると，「明朗活発，新鮮で快活な気持ち，昂奮，上機嫌，仕事や業に対する意欲，行動への衝動」とあって，さらに「総ての振る舞いにやる気を備えるところの楽しい気分の表現」とある（K. G. ゲオルゲス『羅独中辞典』[K. G. Georges, Lateinisch-Deutsches Handwörterbuch] 第1巻，第9版，1843年）。

クリスティアン・メラー編集の『魂への配慮の歴史』(Geschichte der Seelsorge)〔邦訳『魂への配慮の歴史』全12巻，加藤常昭訳，日本キリスト教団出版局，2001-2004年〕において，ハンス・ショルはこれを越えるものは殆どなかろうと思われる貢献を記したが，そこには，カルヴァンが，そのジュネーヴにおける第二期に，いかにして祈りの解釈者また教師になったかが述べられている。カルヴァンに従って祈りを学ぶとき，我々は魂への配慮の仕方を導く彼の学び舎に入り，個人的なことから全体のことへ転換してゆくことを教わる。彼は，「魂に配慮する個々の営為を教会の義務へとますます結びつけ，世界の教会に対する執り成しへと導いていく」。魂への配慮に関するカルヴァンの力点は，この時代とりわけ次の点に，すなわち，説教や祈りの礼拝において，個々人が，自分の問題への執着から解放され，全体の責任の内へと立たされることにあった。つまり，個人は，その私性から解放され，復活された方の肢体へと組み入れられるのである。ハンス・ショルによると，「カルヴァンの魂への配慮は，この時代，政治的なものとなり，政治上の活動は活発な文通を通して，魂への配慮の次元と深みを得ていた。魂への配慮の支えにして器具となる祈りは，理論的かつ実践的に，カルヴァンの考察の中心の位置を占めるに至った。1541年11月，ジ

ュネーヴへの帰還の直後，毎週の祈りの礼拝に政治的な内容が導入された」（第2巻，1995年，108頁）。H. ショルは，E. プフィステラー『ジュネーヴの毎週の祈り日』（[E. Pfisterer, Der wöchentliche Gebetstag in Genf] RKZ 95, 1952年，315-317頁）を参照するよう示唆している。「祈りの日は，ジュネーヴの教会にとって，祈りの訓練，また他者のために執り成す講習会となった」。彼は，「彼のもとから注ぎ出され，それぞれの教会員の上に溢れる祝福によって，個々人がその時期に払わざるを得なかった小さな犠牲にも豊かに報いた。そのため，ジュネーヴの人々には，すでに教会初期の数十年のうちに，広くキリスト教界の兄弟関係についてを関心事とする視野が開かれたのである」（上掲書，316頁）。

いかにして魂への配慮者となるか

　いかにしたら魂への配慮に不可欠な尊厳へと到達するであろうか。それは，自分で獲得することはできないものなのか，また自らそう思い込んではいけないものなのか。1560年10月20日に行われた，山上の説教冒頭の祝福についての説教で——それは死の4年前であったが——カルヴァンは，魂への配慮の仕方について，示唆すると同時に一つの実例を示している。「人々が，もし自然の本性が彼らに示すところのみを考慮したならば，我々の有様はきっと願いうる限りの幸福なものとなるだろう。なぜなら，神は我々総てを彼の姿にあわせて創ったのだし，それゆえ誰もがその隣人を見て，驚嘆しつつこう気づくであろうから，『我々は一つの肉だ（肉なる者として皆同じだ）』と。顔や精神がいかに異なろうと，我々は，神によって据えられたこの一体性を抹消することも，止揚する〔別のものに高める〕こともできない。このことを我々の記憶に留めるならば，誰もがその隣人と平和に暮らし，我々は地上の楽園に住まうかのご

とくであろう。しかし，我々が見るのは，誰もが全く正反対に，自分の利益を追求し，自身の永続を求める姿であり，誰もが主〔人として中心〕になろうとするその様である」（エルヴィン・ミュールハウプト『ジャン・カルヴァン――神の言への奉仕者』［Erwin Mülhaupt, Johannes Calvin, Diener am Wort Gottes］1934年，178頁）。

　魂への配慮への第一歩とは，――自己発見であり，それに伴う気づきと驚嘆である。他の人は知らぬ余所者ではないのだと。「我々は一つの肉だ」と。一つの肉，それは聖書では結婚について用いられる言葉である。魂への配慮に対する前提条件とは，自明ではないことであり，驚嘆をもってのみ知られうることなのである。「異化の止揚」，すなわち，「異なったものとして区別することを別な次元に高めて終わらせること」が，いかなる場合にも魂への配慮の前提となる。私自身は他の人の一部だ。他の人は私自身の一部だ。「我々は一つの肉なのだ」と。〈君〉は，〈私〉に属し，〈私〉は〈君〉に属している，と。このように一つになることにおいて，我々はまだパラダイスの内にいるとは言えないが，エデンへの途上にある。

　イェレミアス・ゴットヘルフが，その長編小説『下僕ウーリ』（Uli der Knecht）の結末部に記していることは，魂への配慮が成功した事例をも言い表している。「ええ，親愛なる読者よ，ヴルネリとウーリは天におります，つまり，翳りのない愛のうちに暮らし続けています。……彼らの名はその地で好ましい響きと受け止められています……，というのも，彼らの志は高く，その名が天に記されることへと向かっているからです」。――農夫とその妻，二人ともおそらくは尊厳とは無縁の人たち――けれども彼らは隠された，魂への配慮者である。

　パラダイスは，私が自分のことを思い煩うことを止め，他の人々を気遣い始めるときに，再びやって来る。そして，これをカルヴァ

ンは，友人の助けを借りて泣く子どもを笑わせようとするとき，また避難者の家探しや，孤独な人に妻を見つけようとする際に，見誤りようのない仕方で示している。カルヴァンは，鋭い思想家であったのみならず，とことんまで実践的な神学者であり，そしてまさしく——魂への配慮者であった。臆病で心細げな人間が，どのようにして勇敢な，魂への配慮者となったのか。

カルヴァンの答えとはこうである。自己を知ること，また神を知ることを通して，彼はより高い秩序を恐れることを学んでいる，と。神を知る者は，自己自身をその被造者として知り，自分がまだその有るべき姿——完全なもの——ではないことを見いだす。まさしく彼が未完成であること，彼に欠けていることにふれて，彼は魂への配慮者となるのである。16世紀の人間として，カルヴァンは，深淵や「世（界）」の迷宮に対して不安を抱く一人の人間であった。それゆえに彼は，私的な学者として自分の立場を定めようとした。

その心細げで臆病な振る舞いのゆえに，彼は〔その時代の〕同時代人であったし，その世紀に生きる一人の人間であった，そしてまた，我々のうちの一人として自らを明らかにしている。「我々は一つの肉だ」と。〔これは，まさにその表現なのである。〕

ウィリアム・J. バウスマ『ジャン・カルヴァン』（[William J. Bousma, John Calvin] 1988年）は，その「16世紀の肖像」において，この宗教改革者を前世紀の同時代人として描いている。その世紀の魂の状況はまた，まさしく我々の時代を映し出している。箍から外れてしまった世界は，深淵として，迷宮の相を示し，人を不安に陥れる（R. ボーレン『神学論集』[R. Bohren, Theol. Beiträge] 1992年参照）。

旅であちこちを巡る途上，ジュネーヴにやって来たカルヴァンに何かが語られた。それゆえ彼は生涯この町に留まり，穏やかな牧者

となった。「私は，これからは引きこもって暮らそうと決めていたが，修士ギョーム・ファレルが私をジュネーヴに引き止めた。それは，助言や警告によってというより，むしろ，神が私を保持せんとして，高みから私に手を置いたかのような恐ろしい呼び出しであった」。伝承によると，ファレルは当時カルヴァンにこう語ったとされる。「あなたがその勉学を優先させるのであれば，私は全能の神の名において預言します。あなたが私たちとこの神の業に携わらず，そうして，キリストをもあなた自身をも求めようとしないのであれば，主は呪い給うであろう，と」（バルト，上掲書，329頁以下より引用）。バルトが次のように述べるのは正しいであろう。「ファレルは，他者を導くだけではなく，他者の教えを容れる点においても希な能力の持ち主であった。後者については，たとえば聖餐論について，彼は自立の思想家としてカルヴァンとは違う確信を抱いていたが，この点ではカルヴァンに譲ることで，その能力は発揮されたのである」（上掲書，351頁）。ここに我々は，聖書が権能（Vollmacht 全権）と呼ぶことの根幹を見いだす。権能（権威 Exousia），それは人となられた神の子とその復活された身体に帰される力である。権能（全権），それは〔また〕二人であれ，三人であれ，あるいはそれが教会であれ，その一致に帰されるのである。カルヴァンが回顧して11月30日付で，ヌシャテルのファレルとローザンヌのヴィレに対して書き送った際に，熱烈にこう語っているのは不思議ではない。「我々がその職務において経験したほどに，友人同士が誠実に結び合ったこと，またともにこのような生の交わりに立つことはなかったと考えます。あなたがた二人のうちいずれとも，この地でともに牧会の職務を果たしました。それに，何ら妬む気持ちも起こらず，私はあなたたちと全く一つと思われたほどでした」（I, 368）。カルヴァンが今現在も主張しうるのは何であったか。それは三人がそれぞれの地位に立ちながら，「我々の一致協力によって神の子ど

もたちが集められ，しかも一つの肢体へと生い育ったことでした」（同上）。彼は，彼の仲間を信じ，また自身を信じた。このような信の出来事が，すなわち，三人の友が一つになる経験が，この手紙の前史としてあったのである。

「何ら妬む気持ちも起こらず」と述べて，カルヴァンは誇張することなく，注意して言葉を選ぶ，「私はあなたたちと全く一つと思われたほどでした」と。彼は，自分の印象を再び繰り返すが，それは，世界を変える人間として抱いた印象である。「我々の一致協力によって神の子どもたちが集められ，しかも一つの肢体へと生い育った」，すなわち新たな創造が行われたのである。

その新約聖書的な背景を尋ねるならば，「何ら妬む気持ちも起こらず」という言葉が担っているのは，ローマ人への手紙 13 章 13 節に記された，嫉妬の仮面を剥ぐ罪のカタログである。「昼のように非の打ちどころなく暮らし，節度ある飲食をし，淫らな振る舞いや羽目を外すことなく，争いや妬みに自身を委ねぬように」。カタログが示すものは，はっきりと見えるものであるが，最後に置かれた「妬み」は，隠されたまま見えないこともある。――それは，隠された処を蝕み，神学者を無力にし，その光を消す虫である。使徒の指示に従ってともに暮らすとき，〔来たるべき〕その日が近いことを知る。そのとき，あるいはカルヴァンの『綱要』から導きを得て，他の人の持つ賜物を互いに見いだすこととなろう。

エドゥアルト・トゥルンアイゼンとの長年に亘る交際を思うとき，私は，自分が天から受けたものが何であるかを自ら語ることができる。私の欠点について彼は語らず，私が有するものを告げて，私を力づけてくれた。この経験から，私はサルトルに対して「幸福，それは他者」という言葉を対置したい。サルトルの場合，他者は地獄であった――悲しいが，しばしば真理である。そこで，キリストの教会は他の言葉を学ばね

ばならない。他者の過ちについてではなく，彼らの賜物について語り，それを喜ぶ言葉を。

アールガウのホルダーバンクに招聘されたとき，私はそこで一人の牧師に出会った。彼の告別説教では——それは未だかつて耳にしたことのないものだった——キリストが臨在しておられると告げられた。そこで，私は〔心を決めて〕自分に言った。お前は，クルト・ナーエのもとで2回目の牧師見習いをするんだ，と。それは，まさしく妬みとは違う思いであった。こうして私は，彼を模倣する者となり，彼は私の模範となった。彼が持っていたものを私も持とうとした。持たぬ者が，手に入れたのだった。

例として——ヌシャテルの牧師宛の手紙

この手紙において私は，牧師また神学者としての自分が実際に生きた生涯と，さらには，〔可能性としてはあったが〕実際には経験しなかった生涯のいずれにも，鏡に映された像として出会う。

手紙は，説教壇からの挨拶で説教が始まるように，執り成しの祝福の言葉で始まる。「神の愛とキリストの恵みと聖霊の交わりが，あなたたち，主にあってこよなく愛する兄弟たちにいつも増し加わるように」。手紙冒頭のこの一文には，カルヴァン理解（その魂への配慮全般の理解とまではいかずとも）の鍵となるような2，3の言葉がある。「増し加わる」と「こよなく愛する」である。〔「こよなく」という〕最上級の呼びかけは，ルネサンスの書簡文体の常套句であったかもしれない。しかしそれは，神の愛への祈願と，「あなたたちに増し加わるように」という言葉から，その重みを得ている。〔さらに〕「いつも」という言葉とともに，牧者の中の牧者が歩み出て，彼らに約束する。——それは管理当局の〔上からの〕言葉ではなく，ともに途中にある者の励ましの言葉である。

「神の国は絶えざる前進のもと増し加わっていかねばならないので、世の終わりの日まで、我々は日ごとに彼の到来を願わねばならない」と、この宗教改革者は、マタイによる福音書6章10節から推論する。同義の言葉を重ねるカルヴァンの語り方に注意してほしい。「〈絶えざる〉前進が〈増し加わら〉ねばならず、この増加は祈る者の祈りにかかっている」。こうして、神の国の到来を見つめる眼差しに対して、祈る者の手が力を得る。それは、神の到来を地に引き寄せ、気候変動をもたらすので、そこでは不信や不安また憎しみは溶けて消え去り、心が温まるのである。「神の愛とキリストの恵みと聖霊の交わりが、あなたたち、主にあって〈こよなく愛する〉兄弟たちに〈いつも〉〈増し加わるように〉」。神の愛が天に留まっていてはならない。それは、地上で、まず職務をともにする兄弟たちのもとで増し加わらねばならない。なぜなら、御言葉の奉仕者たちは再生のために仕える者たちであるから。彼らの交わりは新たな地を約束するのである。

　カルヴァンはその『キリスト教綱要（キリスト教の教示）』で、他の人々への教授を行ったばかりではなく、自己自身をも教えている。この『綱要』では、第一に天の恵みを見つめているが、ヌシャテルの牧師宛に手紙を記す際にも、視線を同じ方向に向けている。繰り返そう。「神の愛とキリストの恵みと聖霊の交わりが、あなたたち、主にあってこよなく愛する兄弟たちにいつも増し加わるように」。〔ドイツ語の語順で〕初めの言葉は「愛」であるが、これはこの文の結尾、「主にあってこよなく愛する兄弟たち」へ呼びかけることを目指している。そこでは明らかに、三位一体の臨在者の一人が語っており、その言葉は、活発な働きとなって、「いつも」ヌシャテルの人々のもとで「増し加わる」ためなのである。

　ところで、彼の手紙は命令形ではなく、願いを三重に重ねた祈りとして、一つにまとまった行為として始まっている。それは、ヌシ

ャテルの人々のために思う牧者の行為である。ヌシャテルに雨が上より降り下り，愛を生い育て，恵みを輝かせ，交わりを感じうるものと為すようにと。こうして，この手紙はその冒頭の文において現在と将来を話題とし，その言葉で，この二つがこよなく愛する兄弟たちのものと認めるのである。この認定の言葉に教会教育の目指す意図がはっきりと示される。すなわち，恵み，愛，交わり，の三つが生長すること，さらに発展することが大切な問題である。これら三者は，停滞してはならず，まさに「増し加わら」ねばならないのである。

　さて次に，手紙を書く者にしばしば起こる回想場面が続く。それは手紙の受け手の側に生じるやもしれぬ苛立ちを避けようと願うものである。カルヴァンは，その手紙で，彼の返事が遅れることについて，繰り返し許しを請うている。それを特徴付けるのは〔書き手の〕不安な心持ちだが，おそらくまた，名宛て人に対する気遣いも働いている。ヌシャテルからの手紙が着いたとき，直ちに返事をするのが普通の考えだと述べる，〔書簡の〕スタイルが顧慮されている。しかし〔遅延には理由があって〕，ジュネーヴの人々が皆揃ってはいなかったため，返答は延期され，その手紙は〔再度〕新たに審理された。そこに，魂への配慮者としての牧者の能力が示されている。職務をともにする兄弟たちの誰も見過ごされてはならない。考えの一致こそが，〔手続きの〕速さよりもっと価値があるのである。

　誰も無視されたと感じてはならない。このこともまた，魂への配慮に関わるカルヴァンの行動スタイルをなす。ジュネーヴからの返答もまた，今や全員一致のものとして行われる。そしてこれは，ヌシャテルの人々にも良い効果をもたらす。「以下の返答の決議は全員の一致のもとに行われた」。ヌシャテルの人々はそこに，ジュネーヴの人々からいかに大切にされているかを読み取るのである。

　決議は最初に，特別な法秩序が不可欠であることを根拠に挙げて

述べる。我々は、人間である限り不完全であるがゆえに、「法秩序なしでは暮らせない」と。このことをジュネーヴの人々はおそらく、ヌシャテルで同職の兄弟たちに異を唱える「或る兄弟」の考えに沿う方向で記している。彼は、原則の議論に明け暮れるのではなく、「我々をその義務のもとに相応しく保ち、また教化に貢献するような大切な事柄について、その秩序や規定がどうあるべきか、直ちに取り組むように勧めている」。この大切な事柄とは、カルヴァンにとっては、そこから牧会職における慣行の評価（Sittenzensur）〔直訳は「風紀の検閲」〕を見て取れるような大祭司的祈りに変わる事柄であり、「これによって我々は、熱意を一つにして、可能な限り、共通の計画に従って教会に仕えていくのである」。福音の説教者たちは特別の任務を負っており、彼らが自らに課すべき秩序とは、まさにこの任務に仕えるものでなくてはならない。御言葉に仕える者たちは、特別な訓練を必要としているが、そこで大切なのは、理論ではなく実践である。教会の教化は、互いの魂への配慮が教会全体を覆うに至ることにおいて為され、他の仕方では為されえないのである。

〔手紙冒頭の〕三位一体的な常套表現は、カルヴァンにおける魂への配慮への意図を典型的に示す動詞を含んでいる。愛と恵みと交わりの三者が、最高級で呼びかけられる兄弟たち——こよなく愛する者たちの間で「増し加わるように」と。この手紙は、牧会者たちに、カルヴァンが賜物として前提するものをもたらさねばならない、だがそれは、他ならぬこの天上の恵みが生長、前進、増加のために必要としているものなのである。ヌシャテルには祝福が、豊かに、慈雨のごとく降り注がねばならない。それゆえ、彼は兄弟たちに書き送るのである。手紙の翻訳者は、手紙の扱う内容を実際に肉太活字で言い表している。それは今日の読者には厭わしいものかもしれないが、貧しい牧会者たちに対して要求しうる究極のもの、すなわち

「牧師職の慣行評価〔監察〕について」である。慣行の評価――それは，外来語のように響く言葉，否，正しくは言葉〔としてあっては〕ならぬ言葉であって，繊細に扱う場合においてのみ，冒頭に言及した〔三位一体的〕常套句に適合する。我々はそれをさしあたり頭の隅に留めて，当面はそれを棚上げ，凍結しておくことにしよう。

　手紙の書き出しの典礼的な一面に加えて，さらに，その執筆にまつわる状況を示す世俗的な一面にも注目しておこう。ヌシャテルの人々は，兄弟エナルド執筆の「兄弟間の慣行評価の遂行秩序」に，或る兄弟の対抗提案を添えて，カルヴァンのもとにもたらした。しかし，教会の役員会の集まりに皆が揃わなかったので，「事柄は再度提示され，以下の返答の決議は全員の一致のもとに行われた」。カルヴァンは，ジュネーヴの牧師たち一同を代表する書記の役割を負ってヌシャテルの人々に書き送っている。それで，彼はその書簡に「兄弟たちすべての名において」ジャン・カルヴァンと署名している――それは，教会間の交流を記す宗務記録であり，彼が重要とする関心事は，魂への配慮，しかも牧師たちの魂を配慮することなのである。これは，今日でも困った状況にあるが，それは，聖職者の間でも妬みが地上からかき消えてはいないためである。

　カルヴァンは実際的な考え方をする。御言葉の奉仕者は，互いの間で「或る種の法秩序」を必要としている。原則的な問いを立てることよりも，「我々をその義務のもとに相応しく保ち，また教化に貢献するような大切な事柄について，その秩序や規定がどうあるべきか，直ちに取り組むこと」の方が，より良いとするのである。こでもまた，彼は相互間の事柄を強調している。我々はいつも「目標を見つめねばならない，すなわち，熱意を一つにして，可能な限り，共通の計画に従って教会に仕えていくのである」。これによって，聖職者の間の妬みを克服する方向が示される。この宗教改革者は，魂への配慮のあり得る姿と，その際に必須な事柄について，そ

の関係は多様と述べるのである。そこでは，次のような問いが生じよう。「個々人が自分たちだけで互いに諭し合うだけで，常に充分なのか。それとも，兄弟たちの共同の助言という仕方で，教師たち全員によって勧告が為されることが，時には良いのか」と。カルヴァンの答えは明快である。「我々に勧告する個人が一人もいないような事柄であるため，我々が多くの教師たちによって勧告されねばならないような事例が生じる」と。〔動詞の〕能動と受動の交替は，魂への配慮に関する繊細な感覚を示している。私自身は，場合によるが，共同の勧告を必要とする。私の場合にはそれが合っている。

カルヴァンがいかに対処するか，その対応の姿は印象深い。『綱要』においては恵みが優先的に掲げられるが，今やヌシャテルの牧師たちの生き方，暮らし方が，目の前に立ち現れる。そこでは，我々のもとで問題とされるようなさまざまなものが，眼前に引き出される。誤りは正されねばならず，危険には警告せねばならず，他の人々は熱意へと鼓舞されねばならない。問題とされることとは，〔個人の〕信仰心情ではなく，共同で熟考することによって改善されねばならないことである。一人の兄弟への苦情が高まるとき，それは一緒に話し合わねばならず，〔これによって〕神の愛とキリストの恵みと聖霊の交わりの増し加わることがやはり問題とされているのである。この目標，すなわち大前提が忘れられるとき，薬は毒に変わってしまう。

ヌシャテルで施された対応処置は，ジュネーヴの人々にとって「まさに信仰深く，秩序に適ったもの」と思われる。すなわち，それは，「主にあってこよなく愛する兄弟たち」のもとで，愛と恵みと霊の交わりの増加に仕えるものとされている。

「誰かの誤りについて苦情が生じたのちは」，その個人についての監察（Zensur）の分与〔すなわち，評価を皆で共有すること〕が遂行される。いま非難を込めて突き出された手のもとで語られ，雰囲気

を損なっているものが，透明化されねばならない。ジュネーヴの人々は，評価監察に関して充分経験を積んでいるので，こよなく愛する兄弟たちにも勧める。これについて，この宗教改革者は，どのように癒しの薬を用いて，しかもそれが損なわぬようにしたらよいか，指示を与える。この手紙が前史を持つように，彼は今相応しい使用のために，二つの前提条件を挙げる。この取り組み全体の前提とは，まず第一に「純粋さと公正」であり，治療がうまくいくためには，使用の際に「慎重さと節度」が示されねばならない。

　思い違いをして，怠惰や愚かさを純粋さと取り違えてはならない。澄んだ眼で見て，はっきりと区別しなくてはならない。それゆえカルヴァンは，純粋さに関しては，市民としての公正さを要請し，実践のためには，慎重さと節度を訓練するように促す。この両者いずれも，カルヴァンに対して紋切り型に語られる評価とは無縁である。

　こうした促しの際にカルヴァンは，パウロが予め描いた線の上を動いている。「そして私は祈ります。あなた方の愛がその洞察と理解において常により豊かなものとなり，そうして，大切なものが何かを，あなた方が判断できるようになりますようにと」(ピリピ1:9-10)。——使徒にとっても，増し加わり，前進することは重要であった。「総てを呟かず，また疑わず行いなさい。それは，あなた方が純粋で欠点のないものとなり，堕落して混乱した時代にあっても，神の子として非の打ちどころのないものとなるためです。そのような時代にあって，あなた方は世の中に光として輝いています……」(ピリピ 2:15)。

　ヌシャテルの牧師たちに宛てた手紙は，使徒が欲していること，すなわち，諸教会が光となり，世の中に輝くようにということと，何ら別なことを欲するものではない。牧師たちのための宗務秩序は，光の内に生き，光となるべく，彼らを助けるものである。教会規律は，光への生長を欲するもの，光の内へと引き出すものなのである。

カルヴァンは，〔具体的な〕一例としてジュネーヴを挙げている——これは，不当ではないであろう。〔ジュネーヴではそのような経験が積み上げられている。〕「我々は少なくとも，〔何かが〕始まるとすぐ，予め〔警告の〕促しを送ります。妬みによる争いが，密かなかたちで絶え間なく続くときには，それを暴かなければなりません」。——これは，教師たち全員にとっての課題なのだ——「一人の兄弟が他の一人によって侮辱されたと感ずるならば，彼は，評価監察の審理が始まる前に，苦情を申し立てねばなりません。それは，この審理がそのようなこと〔密かな争い〕と混同されないためです」。「そのようなこと」〔が残れば，それ〕は，純粋さを曇らせることになるであろう。
　その手紙は全体として，教会の一致統一に尽力するものである。それで，彼はまた，ヌシャテルの人々の意図に異を唱える兄弟にも個人的に言葉をかける。「その人は，やはり次のことを考えてみるべきです。パウロは，或る一人の牧会者にとりわけ，独断的にならないようにと，求めている（テトス 1:7）。すなわち，ただ自分一人の判断にどこまでも固執しないようにと」。彼は，さらにこう加える。「争いを心から避けること，これが良い牧師の主だった徳の一つであることは，確かです。かくして彼は，差し迫った根拠がない限り，兄弟たちと袂を分かつことがありません」。
　牧師たちが互いの間で交わりが持てないとき，それを告知するために彼らが任ぜられているはずの福音そのものが損なわれてしまう。キリストの身体において，我々は互いの間で，彼とともに「一つの肉」である。〔世俗的に，単に〕役職者としてであれば，彼らは互いに一つである必要はほとんど全くない。〔しかし〕教師間の互助態勢や牧師たちの協調がうまくいかないとき，彼らの説教が大きなダメージを受けることになる。説教は，説教者が互いをキリストの身体の内に見いだす，その尺度において，信仰を目覚めさせ，また信

仰を見つけることになる〔からである〕。

　手紙の結び近くになお，同時代の読者に違和感を抱かせるかもしれない，二つの陳述が現れる。その最初の部分で，カルヴァンは，牧師の地位を市参事会のそれに引き比べる。牧師たちは，参事会同様に，独自の議事規定を必要としている——ただし，それはまた，生活規定でなくてはならない。彼らはいつもその業務の中で暮らしているのだから。カルヴァンは，〔こうして〕これが〔あくまでも〕世俗的な制度であると強調することが大切とする。だがその際に彼は，我々が今日もはや知らぬこと，すなわち罪とは何かを知ることをも〔大切と〕教えている。それは，パン全体を膨らますパン種のように，総ての人に関わるところの何かである。教会の中に，罪のための場所は与えられていない。それは閉め出されねばならない。それは教会というパン生地全体を膨らますパン種であるがゆえに，黙って見逃されてはならず，公のもとに晒されねばならないのである。

　〔その一方で〕カルヴァンは，「叱責手順」を法によって定めることには抵抗を示す。彼は，ことの本質と形式の間に区別を置く。彼が見いだした教会規律の本質は聖書の中にある。パウロは，「兄弟たちの間の協議」の後に一つの徴を示すように，すなわち，ユダヤ人〔でキリスト信徒となった者〕たちを助けて総ての者の教化に仕えるように，との要請を受ける（使徒21章）。そしてペテロが兄弟たちから非難を受けた際に，使徒行伝11章では，彼らの行動の仕方に欠点があったとは何ら述べられず，ただ事柄それ自体が記されている。マタイによる福音書18章〔15節以下〕は，隠された咎について扱っている。そこで問題なのはまず第一に，私的なかたちで警告することである。そののち，二人ないし三人の証人が要請されねばならないとされるとき——それはおそらく〔犯された〕行動の証人ではありえぬであろう。彼らは警告の〔際の〕支援者である。今

日から見るとき、このことは魂への配慮の歴史における大きな転換である。すなわち、カルヴァンは魂への配慮を、〔典礼の〕懺悔実践から心理療法的な魂への配慮に至るまで、教会の構造を弱体化してきた聖職者の「我－汝関係」から解き放ったのであった。カルヴァンにおける魂への配慮は、キリストの身体〔としての教会〕から出発する。それこそが魂への配慮なのである。

その出発点——神の認識と自己認識としての智恵——のゆえに、カルヴァンは心理学の太祖となる。宗教的罠としての主観主義を、彼は、復活された方の身体を地上で現実的に受け止めることによって克服する。ガラテヤ人への手紙2章14節の解釈に関して、彼は罪の非難の公的性格を強調している。ヌシャテルの論敵が、札付きの罪人でも警告は私的に〔隠されたかたちで〕されるべきものと言い張ったとき、カルヴァンはテモテへの第一の手紙5章19-20節を示唆〔して、罪の非難は公的なものと〕するのである。

カルヴァンは、——私が見るところ——「節度と公正」を自ら解釈して、常に二つのことに気を配らねばならぬ、と述べている。罪を犯した者が、「大きすぎる悲しみに陥らないように」（Ⅱコリント2:7）しなくてはならない、その一方で、我々は、「罪に対して理解がありすぎる」ような態度を示してもいけない（そこから頑なな者が出ていくような教会が「教会」と呼ばれる点で、意見は一致している。マタイ18:17）。

我々の生が〔それに相応しく〕生きられていないのは、我々が罪を軽く考え、また我々がキリストの身体の肢体であることをも、真摯に受け止めていないことに因る。手紙の結尾に、さらに二つの説明が為される。「第一に、心頑なな罪人の反抗については、一つの教会で公然と告知されねばならず、こうすることによって、彼がこの教会を軽視して去り、どこか別な処へ移っても、彼はその処で告発を受けることになる」。——カルヴァンは古代教会の要請を示唆

している。すなわちそこでは，外来の者は，その出身教会からの証明を持参した場合にのみ，聖餐の交わりに受け入れられたのだった。ここでは，この宗教改革者は，我々現代人にとって「ヒマラヤ〔の高み〕から直に降ってくる」書き方をしている。

「第二として，我々の総てが一つの教会の奉仕者と見なされねばならず，同士として一つに結ばれ，一つの身体を形作る，この点もまた重んじなければならない」。教会組織が，我々にとって持つ意義とは，ただ「我々が一つの身体の肢体として我々の間で一緒に生長すること」のみである。この「我々の間で一緒に生長する」ことには，ヴィレやファレルと共同して職務を導いた経験が，今一度反響している。

手紙の最後に，カルヴァンは「こよなく愛する兄弟たち」に強くこう勧める。「真理に対してただ場所を備えるだけではなく」，むしろ真理を「両手を大きく拡げて受け入れる」ようにと。手紙を結ぶ祝福の願いは，冒頭の文にあった「増し加える」の語を最上級の表現で繰り返す。「主があなたたちの間に日に日を継いで智恵と知識の霊を増し加え，彼の教会を建て上げ〔教化し〕てゆき，あなたたちの奉仕にこよなく豊かな実りをもたらされるように」。結びは，ヌシャテルの人々の眼を，彼の求める処へと導いてゆく（ジュネーヴにて，1544年11月8日の司牧者協定より，総ての兄弟の名において，ジャン・カルヴァン）。

カルヴァンの魂への配慮に応える一つの木霊が，東アジアから，加藤常昭の『日本カテキズム』（Japanischer Katechismus）〔邦題『雪ノ下カテキズム』教文館，1990年，改訂新版，2010年〕とともにやって来る（ドイツ語訳，ヴァルトープ，2005年刊）。というのは，カルヴァンから「直にヒマラヤ〔の高み〕より降ってくる」ものは，ここで，日本の教会の日常となり，そこから我々への——我々の教会への——贈り物に変わるからである。そのカテキズムは，日本の

心にひそむ憂鬱に対して答えを備えている。この憂鬱は，日本で千年を越える昔からの伝統を持している。私が示唆するのは「貴き落窪の君の物語」──『落窪物語』（マネッセ版世界文学のドイツ語訳，1994年）。日本の最古の長編小説，悪い継母に虐められる貴族の娘の物語。この物語の始まりで，彼女はその悲しみを以下のような詩句で再現している。

　　わが願いしは，常日頃のことながら，
　　もはやこの世の者ならざる者とならむことなり。
　　されど，ままならず──われ悲しみ多き人なるかな
　　わが願い，いまだ充たさるるを得ず（8頁）。

　　〔世の中にいかであらじと思へどもかなはぬものは憂き身なりけり〕

　日本の心の歴史にひそむ死への憧れと憂鬱に対して，カテキズムは魂への配慮をしながら立ち入っていかねばならない。それは第一部で，救いの途への問いを立て，これに「喜び」をもって答えている。
　喜びは，福音のアルファにしてオメガ〔最初にして最後〕である。そのカテキズムは，第一章で喜びの主題を取り扱う。第一の問いは，「救いの喜びとは，いかなる喜びですか」との問いかけ。その答えはこうである。「私が，私どもを神の子としてくださる神からの霊を受けて，主イエス・キリストの父なる神を，『私の父なる神，私どもの父なる神』と呼ぶことができるようになる喜びです。神は，いかなる時にも変わらずに私の父でいてくださり，私の喜びとなり，誇りとなってくださいます」。
　カテキズムの問1は「救いの喜び」を巡っている。これに対して問2への答えは，なお死に脅かされている神の子を，〔生の〕儚

さを越えて高め，憂鬱に対して護る。我々は「死を超えて主に似た者として生かされる望みをも分かち合えるようになるのです」。

　我々が，カルヴァンのもとで祈ることを学ぶとき，我々は彼における魂への配慮に与り，『綱要』の冒頭を新たな仕方で読むことになる。そこでは，神の認識と自己認識は素晴らしい仕方で連れ立っていると。そこでは，人間に一つの可能性が開かれる。人間を卑くすることではなくて，彼を高めることが語られているのだと。「私が信ずるとき，私は，総ての被造物と一緒に私を創られた，全能の父なる神を知る。この神こそがわが喜びであり，私は彼を愛する。それゆえ私はまた，自分自身をも神の前の人間として知る。いまや神の名を呼びかけ，また彼を喜ぶことのできる，そのような者として知るのである」。

訳者あとがき

　本書 Beten mit Paulus und Calvin (2008) は，表題の通り，著者ルードルフ・ボーレン氏 (1920.3.22-2010.2.1) が，使徒パウロの「テモテへの第二の手紙」を導きとし，この書簡を重んじたカルヴァンの言葉に照らしつつ，祈りの修練を教える指南書である。パウロとカルヴァンの間に挟む形で，読者への範としてボーレン氏自身の祈りが配されている。

　氏は，過去すでに同じ趣旨の本を著している。『さらに祈るためのテクスト (texte zum weiterbeten)』(1988年) であるが，これには「始めるための試み」という副題が添えられている。繙くと，「呼びかけ」「問いかけ」「嘆き」「喜び躍る」等の小題のもと，現象としての祈りの多様な様態を並列する形で，やはり模範として著者の祈りが載せられている。こちらは構成上，より一般的・基礎的な記述の仕方と言えるかもしれない。

　この前書に比べると，本書は，祈りの在り方について著者の訴えを明確にし，よりはっきりと一つの方向を打ち出そうとしていることが分かる。テモテへの第二の手紙に基づき，その進行に従って記述されていくが，構成として，「執り成すこと」が「感謝すること」よりも先に置かれている点は見逃せない。普通，祈りの初心者には，まず自分のことについて感謝することを学び，次に他者のためにも祈る段階へ，と教えられるのではないか。本書でボーレン氏は，そうではないと，すなわち，（少なくとも）それが祈りの目指す核心ではないという。

　その理由，また本書の目指すところは，第2部「調律」に予め

こう示されている。「いつも自分のことばかり」祈る「私の愚かな祈り」を去って,「ちがう祈り方」すなわち「祈ることで彼らの世界を変えた」使徒や宗教改革者,「彼らのように祈ることを教えてください」と(「まず第一に」)。さらに,「祈ること」は「私」に死ぬこと,そして「キリストの体」なる「我ら」の内に「甦ること」とされ,それこそが「至福(さいわい)」と呼ばれている(「正しい場処を求めなさい」)。祈りは,祈り手が,その私的な次元を越え出てゆき,究極的にエクレシアを生きる営みとされているのである。

そのことは,教会の交わりを顧みるカルヴァンの言葉が絶えず参照されること,また最後に彼の歴史的評価を見直す章(第5部)を置いていることからも明らかである。そこで,ボーレン氏は,カルヴァンを優れた「魂への配慮者」として描き出し,「ヌシャテルの牧師宛の手紙」を辿りつつ,その配慮が隔たった地の教会間にも及ぶ様を示す。「魂への配慮」また「魂への配慮者」と訳した言葉「ゼールゾルゲ」「ゼールゾルガー」は,しばしば「牧会」「牧会者」と訳されるが,その訳語はこの言葉の含意を言い尽くしていない(Seele 魂 + Sorge 配慮)。過去においては,近代になって人々が精神分析家や心理療法士のもとを訪ねるような心の悩みに向き合うことも,Seelsorger の営みの本質的部分をなしていた。これについては,ボーレン氏の別の著書『天水桶の深みから』(邦訳,日本キリスト教団出版局,1998年)に付された加藤常昭氏の後書きに詳しい。そこでは敢えて訳語を示さず「ゼールゾルゲ」「ゼールゾルガー」とされているが,その後,『魂への配慮の歴史』(邦訳,日本キリスト教団出版局,全12巻,2001-2004年)の刊行もあり,この訳語もある程度定着したと考えられるので,本書では「魂への配慮(者)」という訳語で通した。

本書で,ボーレン氏は「魂への配慮」の歴史におけるカルヴァンの位置を次のようにまとめている。「カルヴァンは魂への配慮を,

〔典礼の〕懺悔実践から心理療法的な魂への配慮に至るまで，教会の構造を弱体化してきた聖職者の〈「我－汝」関係〉から解き放ったのであった。カルヴァンにおける魂への配慮は，キリストの身体〔としての教会〕から出発する。それこそが魂への配慮なのである」。こう述べて，ボーレン氏は，「魂への配慮」としての祈りの意義を強調する。本書で「祈ることを学ぶ」とは，「魂への配慮者」としての途を歩むことの謂なのだ。それは，祈る者総てに託され，委ねられている務めにして，喜びである。「魂への配慮者」となること，それは信徒集団の導き手としての牧師や教師たちの占有とされてはいない。「とりわけ説き明かし，説教する人たちのために／我らは祈る」。それは，彼らが「高ぶって」「あなたの言葉を失うことがないように」と「執り成す」祈りである（「忘れぬように」）。そのようなエクレシアのための祈りは，全信徒を「万人祭司」とする宗教改革の精神に呼応する。本書では，祈りの教会改革的な役割が恒に見据えられている。そのような働きを通して，祈りは政治・社会を動かし，歴史を底支えするものとされる。本書が宗教改革 500 年の年に出される意味は，そこにあるやもしれない。

　以上は，本書の内容についてであるが，本書の言葉の形について，また訳文の文体についても触れておかなければならない。著者との出会いから語ることにする。ボーレン氏には，一度だけお会いしたことがある。それは，2001 年の 11 月 7 日，早稲田奉仕園で催されたキリスト教詩人会の場であった。「Rudolf Bohren 氏を迎えて」という会名から窺えるように，日本の詩人との交流を望まれた氏のご希望に応え，来日の機会にお招きするという趣旨の会であった。私はその会のための資料製作にも携わったが，10 篇を翻訳したボーレン氏の詩は，後に詩集『山，葡萄山（Berge Weinberge）』（2004 年刊）として刊行された作品（1999-2003 年）の中から氏が自ら選ばれた。これが縁で，後にこの詩集の翻訳をドイツ語版の刊行前に

依頼された。また，ほぼ同時に氏の日本での経験をまとめたエッセイ集『日本に想う（Japanische Andachten）』（出版時の邦題『源氏物語と神学者』）の翻訳をも引き受けることになった。日本における詩集出版の困難な状況を鑑みて，『源氏物語と神学者』（教文館，2004年）のみを刊行し，残念ながら詩は3篇のみを選んで，その巻末に収録するにとどまった。

　しかし，この訳書の刊行をボーレン氏は，大層喜んでくださった。親密なお便りとともに著書を送っていただいたり，雑誌「音楽と礼拝（Musik und Gottesdienst）」に拙作の讃美歌について好意的な紹介までいただいた。本書 Beten mit Paulus und Calvin の翻訳依頼を，加藤常昭氏を介して再び受けたのはそれから間もなくである。ボーレン氏が2007年に来日された頃に託されたとのことだが，後に加藤氏自身から，この書で祈りが詩の体裁を採っていることも，私に新たに依頼する根拠と伺った。栄誉としてお受けしたが，私自身は以降，職場等での用務が重なって，2008年刊行の原著を手にしたとき，まだ仕事は手つかずのままであった。ボーレン氏の逝去の前にお見せすることも叶わず，結局，依頼から10年を経て，天国のボーレン氏に捧げる形となってしまった。ただ，遅ればせながら，ボーレン氏のお仕事の重要な部分をこうして日本の読者に紹介できることを，訳者としては慰めとする。

　ボーレン氏の神学上の著作に馴染んだ方には，氏の文学・芸術への造詣の深さについて，またそもそもその氏の神学上の理論的な営みが文芸の実践と緊密に結びついていることについて，改めて言葉を要しないであろう。氏の代表作の一冊『神が美しくなられるために』（邦訳，教文館，2015年）の表題がすでにその消息を窺わせてくれる。氏にとって神学 Theologie（theos-logos），すなわち「神の言葉」にして「神についての言葉」は，魂を活かし，命に潤いを備えてくれる言葉として（根本的な意味での）「美しさ（素晴らしさ）」

と深く結びついている。それは「神の言葉」イエスが端的に担う響きであるが，その言葉を受け止めて共鳴する祈りの言葉もまた，同じ響きを与えられる。ボーレン氏にとって，神についての説教や，応答としての祈りが，言葉の精髄として詩に近づいていくことは，この theos-logos の本質に基づくことであり，氏自らの言葉もそれを肯うものとして紡がれる。その消息については，ご自身の著作や加藤常昭氏による紹介や著作（『文学としての説教』日本キリスト教団出版局，2008年ほか）に説明が尽くされているので，これ以上多言を弄することは控えたい。

　ボーレン氏の著作においては，形を見ただけでも，祈りと詩が一つという印象を受ける。氏の説教集を繙くと，説教の前後に配された祈りは行分けされ，詩の形で記されている。本書に先立って著された祈りの指南書『さらに祈るためのテクスト（texte zum weiterbeten）』もまた，体裁は詩集と見まがうほど。その印象は，本書も同じである。ボーレン氏の「祈り」は「詩」であることをも目指している，少なくとも，詩として読める形で記されている。何よりも文体において，それら「祈りの詩」を記したドイツ語は簡潔で力強い。それで，訳の文体については，だいたい以下のような方針を立てた。ボーレン氏による本文，「祈り＝詩」の部分は，なるべく簡勁な文体とする。ただし，それでは敬虔に聞こえない場合のみ，敬体や「です・ます」を用いる。その方針は，日本で習いとされる祈りの言語態に相応しいか躊躇もしたが，ボーレン氏の言葉の響きに近づくことをまずは志した。ボーレン氏は，第1部「修練の前に」で，この書をまず読み通すことを勧め，その後，思考を促す祈りに係留して，その響きを繰り返すようにと述べている。その後で，テクストを長くしたり短くしたりするようにと（「祈ることを習う」）。訳者としても，ボーレン氏の言葉の，内実を映した芯の勁さにまず触れたあとで，自分の祈りの響きを見いだしていただけれ

ば幸いと考える。

　神への呼びかけには「du（あなた）」を用いているが，二人称が明らかに人間を指す（そこには，祈り手の一人称が含まれることもある，そんな）場合には，区別がつけやすいように「du（おまえ）」と訳している。また「我ら」（祈り・詩）と「我々」（叙述部分）も使い分けられている。些細な違いだが，これも響きの関係である。祈りの前後の部分（テモテ書やカルヴァンの著作・書簡）に関しては，叙述の文体は「だ・である」とし，手紙や説教のように相手に語りかける場合は「です・ます」を採っている。

《訳者紹介》
川中子義勝（かわなご・よしかつ）

1951年埼玉県生まれ。東京大学大学院人文科学研究科修士課程修了。現在，東京大学名誉教授，（社）日本詩人クラブ会長。

著書　『北の博士・ハーマン』（沖積舎，1996年），『ハーマンの思想と生涯——十字架の愛言者』（教文館，1996年），『人間イエスをめぐって』（共著，日本キリスト教団出版局，1998年），『さやかに星はきらめき——クリスマス・エッセイ集』（共著，日本キリスト教団出版局，1998年），『矢内原忠雄』（編著，日本キリスト教団出版局，2003年），『詩人イエス——ドイツ文学から見た聖書詩学・序説』（教文館，2010年），『矢内原忠雄』（共編，東京大学出版会，2011年），『悲哀の人　矢内原忠雄』（かんよう出版，2016年）ほか。

訳書　R. ボーレン『源氏物語と神学者——日本のこころとの対話』（教文館，2004年），B. ガイェック『神への問い——ドイツ詩における神義論的問いの由来と行方』（土曜美術社出版販売，2009年）ほか。

祈る——パウロとカルヴァンとともに

2017年11月30日　初版発行

訳　者　川中子義勝
発行者　渡部　満
発行所　株式会社　教文館
〒104-0061 東京都中央区銀座4-5-1 電話 03(3561)5549 FAX 03(5250)5107
URL　http://www.kyobunkwan.co.jp/publishing/
印刷所　モリモト印刷株式会社

配給元　日キ販　〒162-0814 東京都新宿区新小川町9-1
電話 03(3260)5670　FAX 03(3260)5637

ISBN978-4-7642-6731-2　　Printed in Japan

©2017　　落丁・乱丁本はお取り替えいたします。

教文館の本

H. A. オーバーマン
日本ルター学会／日本カルヴァン研究会訳

二つの宗教改革
ルターとカルヴァン

A5判 320頁 3,500円

神学史と社会史の複合的な視点から中世後期と宗教改革の連続性を明らかにし、宗教改革研究に画期的な影響を及ぼした著者の円熟した論文10篇を収録。二大宗教改革者の起源と実像、そして歴史的展開を比較した労作。

加藤常昭

祈禱集

教会に生きる祈り

四六変型判 192頁 1,800円

第一部には、鎌倉雪ノ下教会の主日礼拝で実際になされた祈り22篇を、第二部には、本書のために書きおろされた日々の祈り22篇を収める。真実な信仰から溢れ出て、誠実な言葉で綴られた豊かな祈りの生活への道案内の書。

加藤常昭

祈りへの道［新装版］

四六判 288頁 2,000円

生ける神を信じて生きるとは祈ることに他ならない。しかし祈りにおいてこそ人は罪を犯し、自己に執着しつづける。復活の主イエスの恵みに支えられてはじめて、祈りは自由で信頼に満ちた幼な子の心へと解き放たれる。

R. ボーレン　加藤常昭訳

日本の友へ
待ちつつ速めつつ

B6判 260頁 2,500円

ブルームハルトの信仰と神学を継承しながら、終末の望みについて語った「待ちつつ速めつつ」をはじめ、日本の教会と説教者のために語られた講演「説教の言葉」など、説教と牧会をめぐる洞察と慰めに満ちた、力強い言葉。

R. ボーレン　川中子義勝訳

源氏物語と神学者
日本のこころとの対話

四六判 296頁 2,600円

詩人にして神学者の著者は現実世界に天国の比喩を見る。「源氏物語」に聖書の「雅歌」や「詩篇」を並置して味わい、日本庭園にエデンの園を想い、陶芸の炎に聖霊の炎を予感する。日本の古今の芸術と現代社会に寄せる愛に満ちた随想。

R. ボーレン　小澤良雄訳

喜びへの道

B6判 400頁 2,800円

神があなたがたを喜びとされたからこそ、いつも喜ぶことができるのです！　教会を愛し、喜びと慰めの言葉を告げる説教と、神に向かう迫力あるとりなしの祈り——詩人でもある著者が、福音に生きる喜びを感性豊かな研ぎ澄まされた言葉でおくる。

R. ボーレン　加藤常昭訳

神が美しくなられるために
神学的美学としての実践神学

A5判 406頁 4,400円

戦後ドイツの霊的閉塞感が漂う教会に、神の言葉の神学を継承しながらも、聖霊論的なパースペクティヴによる新しい実践神学の道筋を指し示した画期的な書。芸術家としても活躍した著者による実践神学の体系的基礎論。

上記は本体価格（税別）です。